吉田眞理
Mari Yoshida

児童の福祉を支える

子ども家庭支援論

萌文書林
houbunshorin

はじめに

　子どもにとってかけがえのない家庭を支援する保育士の役割は重要です。その役割を果たすために、家庭を支援する理論を学び、その方法を身につけることが求められます。加えて、支援者である保育士が目の前にいる子どもと家族、その人たちが暮らす家庭という場を理解することが必要となります。

　このような観点で、本書は方法論だけでなく、多様化する家庭像について、新聞報道や身近な事例を紹介しながら解説し、演習を各所に配置しています。受講生がこれらの事例や記事について共に考え、進んで演習課題に取り組み、本文にある理論を具体的に理解されることを期待しています。

　本書は、萌文書林創業者の故服部雅生氏の全面的な支援により出版できた『児童の福祉を支える家族援助論』が原著であり、当初は、家族関係に内在するジェンダーバイアスに気づくための視点を色濃く取り入れていました。その後、保育士養成課程改正に従い、服部直人氏のアドバイスを受けて家族の多様性に着目し、事例を豊富に取り入れた『児童の福祉を支える家庭支援論』として生まれ変わりました。

　本書『児童の福祉を支える子ども家庭支援論』における理論や事例は、上記の2冊の内容を引き継ぎながら、時代の要請や教育に求められる方法論に合わせ、教育現場におけるアクティブラーニングの取り組みに応える構成に改編したものです。

　このように変遷してきた本書ですが、これらすべてに通底しているのは、私の恩師である吉澤英子先生から学んだ養育、保護、休息、生活文化伝承、生命倫理観醸成という家庭分析の視点です。家庭を支援するときに必要なこの視点を取り入れていることは、ほかにはない本書の特長といえます。保育士が現場で活用できるように解説しましたので、学びを深めてください。

　最後に、丁寧かつ的確な編集をしてくださった松本佳代氏の努力により本書が発刊できたことに、心より感謝いたします。

吉田眞理

目次

第3章　保育士による子ども家庭支援の意義と基本

第4章　子育て家庭に対する支援の体制

【凡例】
・保育所、幼稚園、認定こども園等を総称する場合は「園」と
　表記している。
・本書で紹介する事例は事実に基づくが、初学者の学びに合わ
　せて適宜改変している。また、事例のなかの人物名はすべて
　仮名である。

第1章 | 子ども家庭支援の意義と役割

1 子ども家庭支援の意義と必要性

　子ども家庭支援の意義は、家庭を確かなものにし、子どもが育つ場としての家庭の質を継続的に保障していくことである。

1-1◇家族が生活する場としての家庭

　家庭には、<u>家族が生活する場</u>としての意義がある。家庭は、学問上では以下のように定義されている。

　　　　家庭とは家族が生活する場で、生活空間の広さ、人間関係（家族関係）の過程で生ずる雰囲気、感情の応答などが保持されている事、さらに新たな動きを持つ生活の拠点*1

　家庭が成立する条件として、家族が一緒に生活を営むための「場」がまずあげられている。たとえば親子が別々の場所で暮らしている場合は「家族」ではあるが、「家庭」の定義とは異なる。

　また、家庭という場が成立するためには、その場所に「人間関係（家族関係）の過程で生ずる雰囲気」があることが求められる。つまり、親子や夫婦が同じ場所に暮らしていても「感情の応答などが保持」されておらず、「人間関係（家族関係）の過程で生ずる雰囲気」がない場合、家庭としては成り立っていない。<u>家族が同じ生活の場をもち、そこを拠点として心を通い合わせながら暮らしている</u>ことが、「家庭がある」という状態であるといえる。

＊1　吉澤英子『養護原理』全国社会福祉協議会、1991、p.6

家庭支援には、家族が生活する場としての家庭を存続させるという意義がある。そして、子ども家庭支援とは、親と子どもが引き離されず、家庭で共に育つことができる要件を整えるために必要な実践である。

‖ 演習1 ‖
　生活の場を共有していても、「人間関係（家族関係）の過程で生ずる雰囲気」がない家庭とはどんな様子なのか、考えてみよう。

例：朝、学校に行く子どもが「行ってきます」と言っても、朝食中の家族は無言で食事を続けている。

_____

_____

_____

_____

1-2◇家族の社会生活の拠点としての家庭

　家庭には、家族の社会生活の拠点としての意義がある。家庭で生活する**家族**は、以下のように定義されている。

　　家族とは相互の関係によって成り立つもので、夫婦関係を中心として、親子関係、同胞関係（兄弟姉妹）による小集団である。相互の感情融合を結合の紐帯とし、成員の生活保障と福祉の追求を第一義的目標としている事が基本[2]

　家族とは「相互の関係」によって成り立つ人間集団である。家庭の定義とは異なり、寝食を共にしているかどうかは問題ではない。つまり親子が別々

---

[2]　吉澤英子『養護原理』全国社会福祉協議会、1991、p.6

の場で暮らしている場合も「相互の感情融合」、つまり心の通い合いを「結合の紐帯」とし、つながり合う絆としてもっていて、支え合いがあれば、家族であるといえる。

　職場や学校に通っている家族が心身を休め、心のよりどころにする場が家庭である。子どもにとっても学校や園から帰り、一日の最後に安心して眠りにつく場が家庭である。

　人は家庭で家族と会話をし、食事や睡眠をとったり入浴したりして暮らしていく。そのような場があることが一人ひとりの暮らしを安定させ、ひいては社会を安定させる。住居や住所が定まらず、また家庭をもたず、その日寝る場所を毎日探さなくてはならないような人が多い社会は、人々が安心して暮らすことができない不安定な状態にあるといえる。

　家庭での暮らしぶりはさまざまである。家庭でどのような生活が展開されるのかは、その人の属している社会や時代の常識や文化、それまでの個人的な経験などのほか、さまざまな要因から規定されてくる。

　現代の家庭は、家族が憩い、明日へのエネルギーを蓄える場である。家庭支援には、社会生活の拠点としての家庭の状態を整えるという意義があり、子ども家庭支援は、子どもが家庭で安心して暮らせるようにする（愛着形成ができ自己肯定感や社会性を獲得する）ために必要な実践である。

1-3◇子育てや介護の場としての家庭

　家庭には、子育てや介護の場としての意義がある。この意義の歴史的変遷をみてみよう。

　近世には、家業*3だけではなく育児・教育・家事・介護についても男性が責任（決定権）をもち、女性は男性の仕事を手伝うだけという考え方があった。これは男性中心の家族像・家庭像といえる。育児・教育・家事・介護を母親が中心に担うものという考え方は、後世になって現れたものである。

＊3　その家庭が親から子どもへと代々継いでいる仕事。

また、子育ては家庭だけが担ってきたのではない。日本においては「子どもは神様からの授かりもの」という考え方があった。地域の大人は、子どもを見守ったり叱ったりする役割を担っていた。家で親が子どもに十分関われなくても、地域の大人たちがそれを補っていたのである。このように、子育ての一部を近隣社会に任せることができた。

　しかし、昭和30年代の高度経済成長期*4には、都市部で結婚し家庭を築く若い家族が増加した。このような核家族世帯では、親族や近隣住民からの支援を得ることは難しく、子育てを両親だけで担うことになる。昭和40年代には、「会社人間」の日本人男性は、経済活動＝お金になる仕事にしか興味がない「エコノミックアニマル」といわれるほど働いた（p.17 column 参照）。このような社会状況下で、家庭における男性の不在が当たり前になり、女性は結婚と同時に勤めを辞めて、専業主婦として家庭で子育てや家事、親の介護をすることが、当時の家族観・家庭観として定着したのである。

1-4◇現代のライフコースと家庭

　続いて女性の**ライフコース***5について考えてみよう。わが国の女性の年齢別就業率は、20代では高く、30代前後で低くなり、30代後半から再び就業率が上がる傾向があった。育児が一段落した女性がパートタイム労働などに就くので30代後半の就業率が上がるという**M字型カーブ***6は、近年では台形に近づいている（図1）。女性が、出産後も**離職**せず働くことが多くなっているためである。

＊4　1960年代に石炭から石油へのエネルギー転換、生産技術の革新による大量生産、大量消費生活の出現で、日本は目覚ましい経済発展を遂げた。

＊5　個人の一生の道筋であり、生まれてから亡くなるまでの、人生の具体的な道程を意味する。現代人のもつ価値観や暮らし方、ライフコースは多様であり、それぞれが認められるような時代になってきている。似た言葉に「ライフステージ」がある。これは、各人がどのような人生の場面にいるかという、その時点での人生や生活の状況を表す言葉である。

＊6　推移を示すグラフの形がアルファベットのMの字に似ているので、「M字型カーブ」という。この図はひとりの女性の人生における変化を表しているのではなく、現時点での各年齢層の女性がどのような就労状況にあるのかを表している。

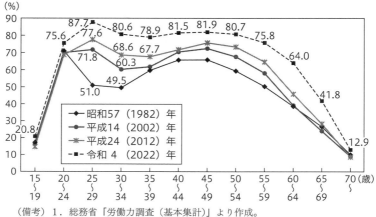

（備考）1．総務省「労働力調査（基本集計）」より作成。

　　　2．労働力人口比率は、「労働力人口（就業者＋完全失業者）」／「15歳
以上人口」×100。

図1　女性の年齢階級別労働力人口比率の推移

出所：厚生労働省「令和5年版男女共同参画白書」、2023

　<u>国は、日本の将来の社会像として、女性が子育てを理由に仕事を辞めること</u>
<u>となく、すべての人が働ける社会を構想している。</u>子育ても介護も主婦に任
せるのではなく、家族が補い合い、社会も協力して子育てをしようという方
向が示されている。

　このような現代の社会において、家庭支援には、介護や子育てを家庭だけ
に任せず社会資源につなげていき、すべての人が活躍できる社会の基盤をつ
くるという意義がある。

　そして子ども家庭支援には、子育て不安に対応する、地域の住民同士の関
わりやコミュニティづくりを促す、活用できる資源を紹介するといった実践
が期待される。そのような実践によって児童虐待や不適切な養育を予防・早
期発見し、対応するなどして、家庭を子育てにふさわしい場としていくとい
う意義がある。

　現代の子育て家庭のかたちはさまざまである。そのため、必要とされる子
育て支援も多様になる。事例をみてみよう。

　ユカリさんと夫は共働きで、2人の子どもを保育所に預けている。ユカリさんの両親は健在で近所に住んでいる。ふだんはユカリさんが子どもを保育所に迎えに行くことが多いが、残業などがあるときはユカリさんの親が迎えに行く。ユカリさんの夫は勤務時間が不規則で迎えに行くことが難しいため、ユカリさんは親が手伝ってくれるのをありがたく思っている。

　子どもたちも、いつも遊んでくれる祖父母のことが大好きである。祖父母の家には、子どもたちが保育所で作った作品がたくさん飾ってある。

　このように、公的な社会資源（保育所）を活用しながら、祖父母などの協力を得ることで、安心して子育てと仕事を両立できる場合もある。

1-5◇離婚や再婚と親子関係

　子育ての場としての家庭の役割に大きな影響を与える変化として、親の離婚や再婚がある。離婚、再婚と親子関係について考えてみよう。

　夫婦のどちらか、または両方が子連れで再婚してできた家族を**ステップファミリー**という。

　アスカちゃん（4歳）は、両親と、6歳の兄リョウタくんと暮らしている。この一家は、アスカちゃんの母親と、リョウタくんの父親が再婚したステップファミリーである。母親は再婚して気持ちにゆとりができ、仕事にも家庭にも落ち着いて向き合えるようになった。アスカちゃんは、リョウタくんや継父のことが大好きだ。継父は保育所によく迎えに来る。リョウタくんはアスカちゃんをかわいがっている。とても仲の良い家族である。

アスカちゃん一家は、ステップファミリーとなった結果、家庭機能が強化され、安定している例である。一方、その基盤となる継父母や新しいきょうだいとの関係が難しい場合もある。

事例3

ミオさん（15歳）は、両親と、12歳の妹、2歳の妹の5人で暮らしている。ミオさんの家族はステップファミリーであり、父親が再婚するまで、ミオさんはひとりっ子であった。

父親の再婚で、ミオさんには3歳下の妹ができた。そして、その妹や継母との関係がしっくりいかないうちに、父親と継母の間に妹が生まれた。ミオさんは複雑な気持ちであった。最近、父親と継母は2歳の妹に夢中である。ミオさんは高校を出たら家を出て、ひとり暮らしをしたいと思っている。

離婚したあとでステップファミリーを形成するとき、子どもとその実父母との関係をどうつないでいくかも課題になる。

離婚した夫婦でも協力しあって子育てをすることがある。そのようなときは親の都合だけではなく、子どもの視点から、よりよい関わり方を考える必要がある。

事例4

ヨウスケくん（5歳）の両親は離婚して、ヨウスケくんは母親と2人で暮らしている。しかし、離婚後も、保育所の送迎はときどきヨウスケくんの父親がしている。

母親の仕事が忙しいときには、父親がヨウスケくんを迎えに来て、そのまま父親の家に泊まる。子育てに父親の協力があるので、ヨウスケくんの母親は安心して仕事ができている。ヨウスケくんも父親と会うのを楽しみにしている。

　近世までは、家庭の意義には家業を営むということがあった。家庭は、家業を受け継いでいくために子ども（跡継ぎ）を育て、協力して仕事を支える場であった。つまり、家庭は仕事中心の場であったといえる。団らんが家族の中心にある家庭が登場したのは、明治期に入ってからである。

　現代の日本では、家庭から職場へ通う人が多い。このような、仕事が家庭の外にある生活スタイルは、昭和30年代の高度経済成長期から一般化した。当時、著しい経済発展によって新しい仕事場が都市部に多くつくられた。そこで、若い働き手は現金収入を求めて農山漁村から都会へと移り住み、大都市周辺で家庭をもつに至った。このような家庭の家族は会社や工場勤めをしていることが多く、仕事と家庭は分離されている。

　昭和40年代には、日本人男性は「会社人間」「猛烈社員」などと呼ばれ、家族よりも会社を重視して日本の経済発展を支えた。家庭と仕事の両方を大切にするのではなく、仕事偏重だったのである。

　このように家庭の構造が変化するなかで、子どもが大人（親）の働く姿や大人の社会を身近に感じる機会が少なくなり、大人になることや仕事に就くことを具体的にイメージしにくくなっていったともいえる。そのような状況への対応策として、現在は中高生の教育課程のなかで職場体験学習などが実施されているが、大人の働く姿を日々身近に感じることとは異なる。職場体験学習などに加えて、家庭内で、親が自分の仕事の内容や社会的意義について、また働いている思いなどを日常的に子どもに伝えることが求められる。

2 子ども家庭支援の目的と機能

　子ども家庭支援の目的は、家庭が十分に機能していないときにそれを補い、家庭を子どもが育つ場として適切な状態に近づけることである。ここでは、子ども家庭支援の基本的な目的・機能について確認する。

2-1◇養育を視点とした子ども家庭支援機能

　家庭における**養育**とは、子どもの世話をして心身の成長・発達を促すことである。子どもが幼い間は、養育が家庭生活の中心となり、家族（夫婦）間の協力が特に大切になる。養育には、子どもの食事の用意をする、子どもを入浴させる、掃除や洗濯をして子どもが育つ生活環境を整えることなどを含む。朝起きてから夜寝るまでの日常生活が滞りなく進み、安心して暮らせることが子どもの心身の安定につながっていく。そして、心をこめて自分の世話をする親の姿から、子どもは自分が大切な存在であることを感じとり、子どもの心のなかに自分を大切にする気持ちや、人間や社会に対する愛情、信頼感が育まれていく。

　子ども家庭支援には、家庭の養育を補い、家庭の自立を促すという機能がある。

2-2◇保護を視点とした子ども家庭支援機能

　家庭における**保護**とは、社会にある危険から子どもを物理的・肉体的、精神的に保護することである。

　物理的・肉体的な保護とは、安全を確保する空間、つまり家という居場所、隠れ場所、避難場所があるということが基本になる。家の外では事故や事件

に巻き込まれるかもしれないが、家のなかではそのような危険は少ない。

　また、家庭には子どもを精神的に保護する役割がある。家庭では自分をさらけ出しても、家族はあるがままに無条件に受けとめる。たとえば、園で失敗しても、家に帰れば「〇〇ちゃん、お帰り！」と笑顔で迎えてくれる家族がいる。学校で気を遣ってストレスを感じても、家に帰ればリラックスして過ごすことができる。勉強や部活動では競うことがあっても、家では能力を競う必要がない。このような家庭のありようが、子どもの精神的保護になっている。

事例 5

　小学1年生のエリちゃんは、息をハアハアさせながら家の玄関に駆け込んできてドアを閉めた。学校からの帰り道で大きな犬に吠えられたので、びっくりしたのである。

　「おかあさーん」と、在宅していた母親に抱きつくと、涙目になりながらも安心した表情を浮かべた。エリちゃんは、おやつを食べながら学校での出来事を母親に早口で話す。そして、話し終えると、友だちと遊ぶ約束があると言って元気よく出かけていった。

　このように、子どもにとって怖い出来事、不安な出来事が起こったときに、安心を求めて帰ることができる場が家庭である。

　子どもは家に帰れば保護されることがわかっているので、家庭の外で自分なりの冒険ができる。その小さな冒険を通じて子どもは自分自身を試し、成長していく。

　子ども家庭支援には、<u>家庭の保護機能不全（児童虐待など）を予防したり早期に発見したりする</u>という機能がある。

2-3◇休息を視点とした子ども家庭支援機能

　家庭における**休息**とは、家族が心と体を休ませることである。家庭でゆっくりと、十分に休むことを通じて、「明日もがんばろう」という意欲が生まれる。この機能を家庭が発揮するには、安心できる雰囲気が必須である。しかし、この休息機能が家庭になく、鍛錬や訓練を強要されている子どももいる。

> ### 事 例 6
>
> 　小学3年生のタケシくんは、体操教室に通っている。体操教室に通い始めたのは、タケシくんが体育の時間が一番好きだったからである。体操教室でタケシくんはぐんぐん力を伸ばし、インストラクターから「才能がある」と言われた。それ以来、両親はタケシくんの身体能力を伸ばすことに夢中になっている。体操教室に通う回数が増えただけでなく、家にはさまざまな運動用具が置かれ、食事も、アスリートのような配慮がされている。最近のタケシくんは、学校の友だちとサッカーなどをして遊ぶ時間もなくなっている。

　このような場合、子どもは休む場を失い、心身ともに疲れきったり攻撃的になったりすることがある。

　現代社会は競争的である。子どもも、他人と比較されたり、他人と自分を比較したりすることがしばしばある。だからこそ、能力を競わなくていいという雰囲気をもつ家庭の存在により、子どもは癒され、心のバランスをとることができる。

　子ども家庭支援には、家庭が子どもの休息の場となるよう、保護者に子ども理解を促すという機能がある。

> ### 事 例 7
>
> 　ケイコさんは専業主婦で、高校生と中学生の2人の女児の母親である。自分は結婚して仕事を辞めたが、子どもには資格をとって一生続けられる職業に就いて

ほしいと思っている。

　高校生の長女は成績がよく一流大学に受かりそうであるが、次女は長女ほど成績がよくない。ケイコさんは、長女と同じ高校を受験するよう次女に勧めてきたが、それも難しそうである。ケイコさんは、次女が学校から帰ってくると、塾に行くまで予習をするように声をかける。ケイコさんの口癖は「お姉ちゃんは成績がよかったのに……」である。次女は家に帰るのが嫌になっている。

　きょうだいと比べられる家庭環境は、子どもにとってつらいものではないだろうか。子ども家庭支援においては、家族関係の調整をして、家庭を子どもにとって休息が得られる場にしていくことが必要となる。

‖ 演習2 ‖
　子どもが家庭で休息できないような状況について、具体例をあげて考えてみよう。

例：家のなかのあちこちに、学習中の漢字などを書いた紙が貼ってある。

_____

_____

_____

_____

_____

2-4◇生活文化伝承を視点とした子ども家庭支援機能

　家庭における**生活文化伝承**とは、子どもがやがて社会に巣立つときのために、その国や地域の生活習慣やモラル、一般常識、伝統行事、習わし、人との付き合い方や礼儀、さらには人としての生き方などを伝えることである。
　子どもが社会人として自立するまでには、その社会の行動様式を身につけ、他者と適切な関わりをもてるようになる必要がある。これらはすべて生活文

化の内容である。生活文化の内容には、起床から就寝までにおこなう生活の営みの中身や方法、たとえば箸の持ち方、食器の並べ方、食事のとり方、掃除の仕方、寝具の整え方から入浴の仕方、近隣住民との挨拶の交わし方、目上の人に対する言葉づかいなど、生活に関するあらゆる知識が含まれる。

家庭内における家族の役割や関わり方も生活文化といえる。たとえば親が家事をどのくらいしているのか、夫婦間ではどんな言葉づかいで話すのか、といった事柄も、子どもは自分の家庭の生活文化を中心に覚えていく。

また、子どもは、自分の家に訪ねてきた近所の人々とふれあったり、地域のなかで遊んだりすることを通してさまざまな人との関わりを経験し、さまざまな生活の様子を知る。そのような環境が、生命倫理観や生活文化をより豊かに子どもに伝えるだろう。

しかし現代では、家庭機能を補ってきた地域の力が弱まっている。生活文化の伝承という点においても、教育・福祉関係の行政施策やボランティア活動などによって、子どもに多様な体験をする機会を提供していこうという向きがある。

子ども家庭支援には、<u>家庭や地域でおこなわれる生活文化伝承の不足を補ったり、内容を整えたりする</u>という機能がある。

事例 8

ヤマダさん夫妻は、結婚後、妻の実家に住んでいる。最近、「不審者情報が増えているので注意してください」という回覧板が回ってきた。ヤマダさんは、家を出るときはどんなに短い時間でも必ず鍵をかける。近所には新しいマンションが増えており、どんな人が住んでいるのかわからないからだ。

ヤマダさん（妻）の母は80歳。家にずっといても誰も訪ねてこないので、日中は地域の「すこやかサロン」に遊びに行っている。そこに行けば、同年代の地域の人たちに会えるという。

この地域では「放課後子供教室」（p.119参照）が実施されており、ヤマダさんの子ども（小学1年生）は、放課後、校庭や体育館で過ごしている。ヤマダさ

んが子どもの頃には、近所のおじさん、おばさんやお年寄りと話をしたり、よその家に上がって遊んだりしていたが、「最近は、地域で子どもが遊ぶ姿やお年寄りと子どもの交流を見かけないな……」とヤマダさんは思った。

||||**Column 生活文化と地域社会** |||||||||||||||||||||||||||||||||||||||||||||||||||||||||||||

　個々の家庭ごとに生活文化の違いはあるが、同じ時代、同じ地域に住んでいる家庭の生活文化には共通点がある。子どもは、家庭内に埋め込まれている地域や国、時代の生活文化を、家族との関わりを通じて身につける。しかし、生活文化のすべてを家庭内の日常生活のなかで自然に伝えられるものではない。地域や学校が担うものもあれば、社会全体が子どもに教えようと努力しながら伝えていくものもある。

||||||||||||||||||||||||||||||||||||||||||||||||||||||||||||||||||||||||||||||||||||||||||||||||||||

2-5◇生命倫理観の醸成を視点とした子ども家庭支援機能

　生命倫理観の醸成とは、<u>生命観、自然観、倫理観など絶対性のある道義、人として守るべき筋道を子どもの心に根づかせることである</u>。生活のなかで身につけていく命に対する尊敬や、自然への愛情・畏怖、人に対する正直さや誠実さなどの「心の教育」がこれにあたる。

　どうして生き物をむやみに傷つけたり殺したりしてはいけないのか。どうして誰も見ていなくても悪いことをしてはいけないのか。どうして物を粗末にしてはいけないのか。これらは、合理的な説明ができる問いではない。「そうだから、そうなんだ」という、理由のないものなのである。言い換えれば、人が人として在るために誰もが守らなければならない、理屈を超えた約束事である。

　このような心の教育といえる生命倫理観の醸成は、多くの国で宗教が担っている。日本では「おかげさま」「罰（ばち）が当たる」というような、理屈抜きの倫理観として家庭のなかで受け継がれてきていた。

子ども家庭支援には、家庭でおこなわれる生命倫理観の醸成を補ったり、親子に関わるなかで生命倫理について一緒に考えたりするという機能がある。

子どもと共に暮らす日々のなかで家族が話す言葉や受け答えが、価値観や生命観を子どもに伝えていく。

事 例 9

ノゾミちゃん（4歳）は、おばあちゃん子である。2人で近所を散歩することも多い。そのときに声をかけてくれる近所の人に、おばあちゃんは「おかげさまで……」と答える。今日も、「ノゾミちゃん！　大きくなったね」と言われて、おばあちゃんは「おかげさまで」と答えていた。ノゾミちゃんは、何だか近所の人たちみんなが自分を守ってくれているような気がした。そして、「ありがとう」という気持ちで、おばあちゃんと一緒にペコリとお辞儀をした。

家族の行動を見たり、その話を聞いたりしながら、子どもは人に対する向き合い方や考え方を身につけていく。

事 例 10

小学1年生のマサトくんは、ある日、校門の前で100円玉を拾った。一緒にいた友だちが「誰も見ていないよ。もらっちゃえば？」と言った。マサトくんは「そんなことをしたらバチがあたるんだよ」と言って交番に届けた。マサトくんは、誰も見ていなくても悪いことはしてはいけないと思っている。「悪いことをしたらバチがあたる」というのは、マサトくんの祖父の口癖である。マサトくんは祖父が大好きだ。祖父はいつもとても優しいが、マサトくんが嘘をついたり、ずるいことをしたりすると厳しくしかる。

事例10のマサトくんは祖父から人としての生き方を教わっているといえるだろう。各家庭によって家族の役割分担は異なる。これも生活文化の一面である。子どもはいろいろな家庭に出入りすることにより、多様な生活文化を知る。

∥ 演習 3 ∥

　1から5までの問いを読み、あなたが家族だと思う範囲を円で囲んでみよう（記入例参照）。記入したら周りの人と比べてみよう。家族の範囲は、個人の感じ方や家族との関わり、家庭の雰囲気などによって大きく異なる。「何が正しいか」ではなく、それぞれ違うことが当然ではないだろうか。

＊ホノカ、ミサキ、ハルキは小学生。

（記入例）A男にとっての家族の範囲は？	1 ホノカにとっての家族の範囲は？
父方の祖母（別居）　　母方の祖母（別居） 母の兄（近所に住む） 父　　　　　母 A男の妹　　　A男	父　　　離婚　　　母 ホノカの兄（父と同居）　ホノカ（母と同居） ホノカの姉（母と同居）
2 ミサキにとっての家族の範囲は？	3 ミサキの母にとっての家族の範囲は？
父方の祖母（ミサキと同居） 父の妹（独身でミサキと同居） 父（ミサキと同居）　　母（ミサキと同居） ミサキ 母の姉（独身でミサキの近所に住む）	父方の祖母（ミサキと同居） 父の妹（独身でミサキと同居） ミサキの父　　　ミサキの母 （ミサキと同居）　（ミサキと同居） ミサキ 母の姉（独身でミサキの近所に住む）
4 ハルキにとっての家族の範囲は？	5 ハルキの姉にとっての家族の範囲は？
ハルキの姉 （ハルキと別居／夫と子どもあり） ハルキの兄 （ハルキと別居／妻と子どもあり） 父（ハルキと同居）　母（ハルキと同居） ハルキ	ハルキの姉 （ハルキと別居／夫と子どもあり） ハルキの兄 （ハルキと別居／妻と子どもあり） 父（ハルキと同居）　母（ハルキと同居） ハルキ

私が考える家族の範囲は ＿＿＿＿＿＿＿＿＿＿＿＿＿＿＿＿＿＿＿＿＿

＿＿＿＿＿＿＿＿＿＿＿＿＿＿＿＿＿＿＿＿＿＿＿＿＿＿＿＿＿＿＿＿＿

＿＿＿＿＿＿＿＿＿＿＿＿＿＿＿＿＿＿＿＿＿＿＿＿＿＿＿＿＿＿＿＿＿

　子ども家庭支援の枠組みは、国際的な宣言や条約、国内の法律などによって規定されている。

　今日につながる子ども家庭支援の枠組みの端緒としては、第1回児童福祉ホワイトハウス会議における「家庭尊重の原則」（1909年）があげられるだろう。「家庭は文明の最高の創造物である。故に緊急止むを得ない事情のない限り児童を家庭から切り離してはならない」と明言され、子どもを家庭から切り離さないように支えるという考え方の基盤となっている。

　1989年に国際連合総会で採択された児童の権利に関する条約（日本は1994年に批准）では、子どもができる限りその父母を知り、自分の父母によって養育される権利があることを示している。また、子どもが父母の意思に反して引き離されない権利、別れて暮らす親に会う権利などもあげられている。どのような家庭であっても、こういった子どもの権利は保障しなくてはならない。しかし、家庭の状況次第で子どもに不利益が生じる場合もある。そのために、社会資源を活用した子ども家庭支援が必要なのである。

　児童福祉法（総則第2条）には「国及び地方公共団体は、児童の保護者とともに、児童を心身ともに健やかに育成する責任を負う」とあり、子どもの家族は自分たちだけで子育てをするのではなく、社会的な支援を受けられることが規定されている。

‖‖‖

第 2 章　子どもの発達と家族

1 子どもの発達

　子どもをとりまく人間関係は、乳児期の親との関係を基盤にして形成されていく。子どもは、成人するまでの発達過程で、自らが所属している社会の生活文化を身につける。

　人の発達という視点から、乳幼児・小学生・中高生という各年代の子どもがいる家庭の暮らしを、社会や家族メンバーの関係からみてみよう*1。

1-1◇乳幼児期

　乳児期の子どもは、親や身近な大人に愛されることを通じて人を信頼するようになる。自分が無条件に受け入れられていると感じることにより、生きていく喜びや自己肯定感を得る。

　15か月頃から3・4歳頃にかけて、子どもは親から少し離れて初めて家族以外の大人と出会う。子どもの家族に近隣関係が得られない場合には、子どもは親のもとから離れてみることができないため、親以外の大人と関わらずに成長していくことがある。

　3・4歳頃から就学まで子どもの人間関係は家族中心であるが、子どもは親とは別々に行動をしたいと感じ始める。一方で、子どもが安心して親から離れて行動するためには、親子の間に信頼関係が築かれていることが必要である。

＊1　岡堂哲雄監修『小児ケアのための発達臨床心理』へるす出版、1983及びエリク・H. エリクソン／小此木啓吾訳編『自我同一性─アイデンティティとライフ・サイクル』誠信書房、1973を参考にしている。本書では、乳幼児期から高齢期にわたる人間の発達と、社会との関係における人生の節目の意味に焦点を合わせた。

1-2◇学齢期

　<u>小学生になると、子どもは家庭を拠点にしながら、近隣社会のなかで自分の力を試しつつ成長していく。</u>親と近隣住民との間に良好な関係があれば、子どもも近隣住民との交流をもつことができ、子どもが地域で得られる経験は多くなる。

　中学生から18歳頃になると、子どもが家庭にいる時間は少なくなるが、家庭外での子どもの行動に家族の配慮が必要である。子どもの活動範囲は徒歩圏や近隣地域からさらに広がり、より広い社会のなかで、自分という人間について考え、迷い、試しながら成長していく。

　18歳を過ぎると子どもは自立に向かうが、子どもの家庭のあり方により、子どもをとりまく環境も左右される。学歴や職業などは、家庭の影響を受けることが多いからである。

　この時期になると、家庭では一般に夫婦2人の時間が長くなる。しかし現代では、大学や大学院に進学する子どもが増えて在学期間が長くなったり、社会人となってからも親の家で世話を受けながら暮らし続けたり、職を得られない子どもが親の経済的援助を受けていたりするなど、子どもの自立する時期が遅くなっている向きもある*2。

＊2　「親子の関係についての意識と実態に関する調査」（明治安田生活福祉研究所、2016）によれば、「親といつまで同居したいか」という問いに対して「できるだけ早く独立したい」という回答を選択した子どもは3割以下である（回答した「子ども」は親と同居している社会人で、29歳以下の未婚男女／n＝1,115）。ほかの回答では「結婚するまで」「経済的に自立できるようになるまで」がそれぞれ3割強、「いつまでも同居したい」が1割。また、「子どもの生活と学びに関する親子調査2022」（東京大学社会科学研究所・ベネッセ教育総合研究所、2023）では、「子どもが大人になったとき自立できるか不安である」に「あてはまる」と回答した保護者が約6割であった（小学1年生から高校3年生までの保護者／n＝13,398）。

2 子育てを通じた親の発達

2-1◇家庭を築く時期

　前期成人期（18歳から親になるまで）は、親の保護下を離れて自由を謳歌する時期である。身近な人に親密な感情をもったり孤立感を強めたりする経験などを経て、他者を愛する力を身につけ、家庭をもつ準備が始まる時期でもある。

　中期成人期は、家庭を築き、子どもをもつ時期である。子どもの世話をすることを通じて世話（ケア）の能力が具体化する*3。

　現代では、親になることによって家庭外の社会への参加機会が減り、人としての発達が阻害されたと感じる人も少なくない*4。しかし、家庭をもち、子どもが生まれ、子どもの世話をすることを通じて親が人として発達することも事実である。

2-2◇子育ての区切りを迎える時期

　後期成人期（家庭では子どもに手がかからなくなる時期）には、子どもが成長し自立に向かうとともに、家庭内の生活は夫婦を中心としたものに移行する。自分の親の介護を意識することを通じて、自身の老後も視野に入る時期である。孫が生まれて、自分の子育てを振り返る人もいる。

＊3　幼児期の子どもの親はこの時期にある。親自身が理想とする生き方と子育て中の実際の自分との違いを強く感じると、悩みが深くなる。

＊4　子どもが自立した後の、後期成人期の自分がイメージできないことが育児不安につながる例もある。

前期高齢期には定年退職を迎え、心身の老化を不安に思う感情と、人生の統合期としてこれまでと異なる場面での活躍を期待する感情とが入り混じる。特に、豊富な経験と知恵を活用して活躍することに重心を置くのが前期高齢期である。

後期高齢期（ケアが必要になる時期）には、心身の老化が進み行動範囲が狭くなってくるが、経験を整理して人生の統合期を迎える。ひ孫が生まれ、命のリレーを意識するときでもある。

3 親の発達の実際

3-1◇結婚・子どもの誕生

結婚や子育てを通じた人の発達について、事例から理解を深めよう。

> **事例 1**
>
> サナエさんは、友人の紹介で出会った男性と結婚した。結婚後1年ほどでサナエさんは妊娠した。サナエさんも夫も子ども好きで、生まれるのを楽しみにしている。サナエさんは出産後も仕事を続けたいと思っているが、サナエさんの職場は常に忙しく、子育て支援についてもあまり期待できない。「子どものためにも、私は家にいたほうがいいのかな……」。サナエさんは子育てと仕事を両立できるのか悩んでいた。

子どもの誕生は親の人生を変える。子どもは家庭の養育機能や保護機能をすぐに、かつ継続的に必要とする。だからこそ子どもはかわいいともいえるが、子どもの誕生は、生活の大きな変化を迫られるときでもある。

事例 2

　出産1年後、サナエさんは職場にいた。サナエさんの職場では、子育てのための支援を受けるのが難しいが、サナエさんの夫が自分の仕事を調整しているのである。夫は、「僕の仕事は時間の融通が利くから、保育所の送り迎えはする。ずっとがんばってきた仕事なんだから、続けた方がいい」と言い、できるだけ早めに帰宅して子どもをみながら夕飯の支度などをしている。

　休日には、ふだんできない家事などを夫婦で一緒にこなしている。夫も保育所の迎えの時間に間に合わないときは、近所に住んでいるサナエさんの母親が子どもを迎えに行っている。サナエさんは、このようにして安心して働くことができている。「もう少し時間にゆとりがほしいな」とも思うサナエさんであるが、夫婦で協力して子どもを育てる生活に充実感を得ている。

　家族が協力して出産後も仕事を続ける人がいる一方で、出産を機に職場を去る人もいる。

事例 3

　サナエさんと同じ職場のアヤさんも、結婚後1年目で妊娠した。アヤさんの夫は仕事が忙しく、いつも深夜に帰宅する。いったん職場を離れると再就職は条件が悪くなりそうなので、アヤさん自身には働き続けたいという思いがあった。しかし、アヤさん夫婦は、結婚してからの1年間、生活時間が合わずすれ違いのような暮らしをしてきた。子どもが生まれてからさらに忙しくなる生活を想像すると、仕事と育児の両立は難しそうである。夫の協力も期待できないと考えたアヤさんは、育児と家事に専念することを決意して退職した。

3-2◇幼児のいる家庭

子どもが育つにしたがって、家庭生活にも変化が現れる。

事例4

サナエさんの子どもは2人になり、上の子どもは4歳、下の子どもは2歳になった。2人とも保育所が好きで、喜んで通っている。サナエさんは、離乳食も、トイレトレーニングも保育士に相談しながら進めてきた。「離乳食も、トイレトレーニングも全部保育士さんにやってもらったようなものだわ」とサナエさんは感じている。

夫は、子どもたちの好みに合う食事をつくったり、子どもに善いことと悪いことを根気よく教えたりするなど、はりきって子育てをしている。家事全般も夫の方が得意としている。さらに、保育所の保護者会の会長を頼まれ、喜んで引き受けた。今日は保育所の運動会である。サナエさんの夫は、園庭に用意された敬老席にいる地域の高齢者と歓談している。「私より地域になじんでいるのね……」と驚き、嬉しく感じるサナエさんであった。

子どもが乳児期から幼児期へと発達していくと、子どもや子どもの属している組織などを通じて近隣関係ができてくる。

事例5

アヤさんの子どもは、3歳から幼稚園に通い始めた。子どもが幼稚園に通う前には、地域の会館の幼児クラブなどで友人ができ、一緒に公園に行ったり、遊園地に少し遠出したりして親子で親しく付き合っていた。

乳児期は泣いている原因がわからないことが多く、手作りの離乳食もなかなか食べないので心配したり、おむつをいつまでしていいのか迷ったりと、日々悩むことの連続であった。自分の時間はほとんどないような状況だったが、「ひとりっ子だから、楽でしょう？」と夫の母に言われて悔しい思いもした。夫は子育ての大変さを理解していないとアヤさんは感じている。しかし、子どもが幼稚園に

通い始めたことをきっかけに、アヤさんには地域に多くの友人ができた。

　日本では、子どもが幼稚園に通うようになると働きに出る母親が多くみられる。収入を得るという目的もあるが、家庭以外の場に自分の居場所（存在価値）を見つけたいという思いの母親もいる。

事例 6

　アヤさんは、電車で2駅先にある商店に勤めるようになった。子どもを幼稚園に送ってから、午後1時までの仕事である。アヤさんは「仕事復帰への第一歩」と思っている。幼稚園でできた友人は、最近ボランティア活動を始めたという。

4　親としての役割、子どもとしての役割

4-1◇子どもの成長

　家庭のなかで、親がその役割を果たすことにより子どもは育っていく。それぞれの家庭にそれぞれの親子関係があり、その関係のなかで親も子どもも成長する。

事例 7

　サナエさんの子どもは2人とも小学生になり、放課後は学童保育（放課後児童健全育成事業／ p.119参照）で過ごしている。サナエさんの仕事はあいかわらず忙しいが、夫の方は、子どもと過ごす時間を優先するために仕事をかなりセー

ブしている。保育所では保護者会の会長を引き受けたが、小学校でもPTA役員を務めている。子どもはいつも保護者会や参観日に来てくれる父親を自慢にしている。一方、家庭では厳しい父親でもある。サナエさん自身は仕事で家にいないときが多いせいか、つい子どもに甘くなってしまい、夫に叱られることがある。

　母親と父親の性役割は、固定的なものではない。親として必要な役割を、家族が分担しておこなうことが求められる。
　子どもをもち、その子どもが成長するにしたがって、親は親らしくなっていく。その過程で、保育士からの支援が必要なことも多い。

事例8

　アヤさんの子どもは小学校に通っている。乳児期の子育てはアヤさんに任せきりだった夫だが、幼稚園に入った頃からは、少しずつ子どもと関わることに慣れてきた。園で、行事や保育参観に父親が参加しやすい配慮がされていたことも大きい。子どもが小学生になってからの夫は、休日に子どもと一緒に遊ぶのを楽しみにしている。
　最近、夫は子どもの勉強をみることも多くなった。また、子どもの今後の教育について考え始めている。同世代の子どもがいる同僚や友人に、塾や習い事のことを聞いてきて家庭でも話題にしている。

事例9

　サナエさんの子どもとアヤさんの子どもが同級生になった。保護者会にアヤさんが参加すると、ひとりだけ男性が出席していた。サナエさんの夫である。そばに座っている同級生の母親に聞くと、サナエさんの夫は保育所で保護者会会長を引き受けたり、小学1年生のときにもPTA役員を務めたりと、子育てに熱心な父親だという。サナエさんの夫の発言を聞いていると、子どもが育つ地域環境を考える長期的な視点や、子どもの体験学習についての意見、PTAの活動計画に

関することなど、建設的なコメントである。はじめは「お父さんの参加は珍しいな」と感じたアヤさんだったが、発言を聞いているうちに、「父親とか母親とか関係なく、同じ親として共感できる」と思ったのであった。

4-2◇親の介護

親としての役割は、子どもがいくつになるまで必要なのであろうか。

事 例 10

サナエさんの子どもは2人とも成人して、自宅から会社に通っている。下の子どもの就職先が決まったとき、サナエさんは「親としての役割もここで終わりかな」と感じた。一方、サナエさんの夫は「親の役割は一生だよ。僕たちは、結婚してからも、子どもが生まれてからも親に助けてもらってきたじゃないか」と言う。そんなある日、サナエさんの母親が脳梗塞で倒れた。「今度は、自分たちが親を助けていく番だ」と夫は言う。サナエさんは「今度こそ、私が会社を辞めるときかな」と考えている。

親としての役割も子どもとしての役割も、一生続くといえるであろう。家制度がなくなった現在でも、婚姻でつながった家族はネットワークとして機能することを求められている。また、家族の介護を機会に生活を変えるという選択をすることもある。

事 例 11

アヤさんの子どもは留学し、そのまま海外に住むようになった。当初、アヤさんは子どもが遠くで暮らすことに反対であったが、夫が「子どもの人生だ。自由にさせよう」と言うので、子どもの選択を応援することにした。アヤさんは10年前から派遣社員として働いてきたが、50代後半になり、そろそろ仕事を辞め

ようかと思っている。

　そんな折、アヤさんの夫の母親が高齢になってひとり暮らしが難しくなり、ア
ヤさん夫婦の家に同居するようになった。アヤさんは、義母との同居によって生
活が変化することが少し心配であった。しかし、義母が同居して以来、居間に3
人が集まって談笑することも多いので嬉しい気持ちである。

　福祉がすべての人を対象としている現在では、介護についても、家族の一
員としてできることをしながら制度を利用するという選択肢がある。

　どのような暮らしを選ぶかは各家庭によって異なる。家族は互いに影響し
合いながら暮らしているが、その誰かが支援を要する状況にあるとき、特定
の家族メンバーに負荷が集中しないためにも福祉制度がある。

|||| Column 家庭におけるコミュニケーション |||||||||||||||||||||||||||||||||||||||||

　家庭内のコミュニケーションはどのようにおこなわれていて、どのように子どもに伝わっていくのだろう。

言葉によるコミュニケーション

　家庭のなかで交わされる会話は、子どもの心や考え方、人との関わり方に影響していく。

　「家族の心は黙っていても自然に通じ合うものだ」という考えは思い込みである。家族の間でも、言葉で説明しないと伝わらないことは多い。自分が何を考えているのか言葉にしなければ、家族の溝が深まっていくこともある。

　また、なにげない言葉にも人間観や価値観が表れる。たとえば、「○○ちゃんは女の子なんだからお料理くらいできなくちゃ」「○○くんは男の子なんだから泣かないの」といった言葉に性差別意識が表れている。

言葉以外のコミュニケーション

　親が子どもをぎゅっと抱きしめるのは、愛情を伝えるコミュニケーションである。子どもがつなごうとしている手を親が振り払えば、それは拒否の意味となる。同じように話を聞くとしても、うなずきながら身を乗り出して聴くのと、よそ見をしながら聞くのとでは、話をするほうの気持ちは違う。座る位置、座り方、視線の向け方、体の向きや傾きや動き方、表情、それらすべてがコミュニケーションになるのである。

　家庭内では、言葉と真意が違うということがよくある。たとえば「こんなに遅く帰って！　いったい何してたの？」という親の怒りは、「心配したのよ。外はもう暗いでしょ。怖い目にあわなかった？」という気持ちの表れだが、このような言葉や話し方が、家族間のコミュニケーションを複雑にしていることもある。

||||||||||||||||||||||||||||||||||||||||||||||||||||||||||||||||||||||||||||||||||

第3章 保育士による子ども家庭支援の意義と基本

1 保育の専門性を活かした子ども家庭支援とその意義

現代の保育士には、特に課題がある家庭に対してだけでなく、すべての保護者が安心して子育てできるように支援することが求められている。子ども家庭支援を実践していくために、保育士はどのような専門性を身につけ、発揮していけばよいのであろうか。

1-1◇福祉の専門職としての専門性を活かした支援

保育士は福祉分野の専門職である。保育士による子ども家庭支援の意義として、**福祉の視点**及び**福祉の専門技術**の活用があげられる。

専門技術のひとつに、**環境評価（アセスメント）**がある。具体的な方法（アセスメントツール）として、まずジェノグラム（家族関係図）とエコマップを知っておこう。

1-1-1◇ジェノグラム（家族関係図）

ジェノグラム（図1）とは、三世代程度の家族の関係を図示したものである。支援の対象となる家族を理解するために、福祉、教育、医療などの現場で活用されることが多い。

保育士が子ども家庭支援のためにジェノグラムを作成する際は、保護者本人の話を聞き、確認しながら一緒に書く。保護者本人が家族関係を整理でき、記録としても一目でわかる正確な図ができる。

個々の家庭の子育てを支援するためには、まずその家族について理解する必要がある。家族関係について聞きにくい場合や、話を引き出すことが難しい場合もあるが、そのようなときも、保護者と一緒にジェノグラムを書くこ

とによって家族の現状をとらえることができる。

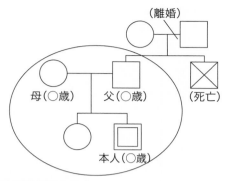

①女性は丸、男性は四角で表す。
②人と人を線で結び、年齢を書く。
③同居家族は丸で囲む。本人は二重線で表す。
④死亡者は×、離婚は斜線で示す。

＊本図は基本形として示す。各組織や団体によって記述のルールが異なる場合もある。

図1　ジェノグラム（家族図）

出所：筆者作成

‖ 演習1 ‖

　自分の家族のジェノグラムを書いてみよう。

1-1-2◇エコマップ

エコマップ（図2）とは、当事者（支援を必要としている者）と社会資源の関係を図示したものである。子ども家庭支援においては、保護者や子どもと一緒にエコマップを書くことにより、<u>その家庭が置かれている環境やサービス等の活用状況がわかるようになる。</u>

エコマップを書くことは、保護者が周囲との関係を確認したり振り返ったりする機会になる。また、ふだんの会話では引き出せないこともエコマップを書くなかで聞きやすくなる。

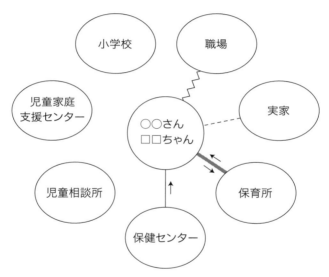

①中心の丸のなかに、支援を必要としている人の名前を書く。
②周囲の丸に社会資源の名称を書く。
③周囲の丸と中心の丸を線で結ぶ。
　（‐‐‐弱い関係　▬▬強い関係　──普通の関係　∧∧ネガティブな関係）
④資源の流れを矢印で示す。
⑤現在つながっていない社会資源も記しておく。
＊本図は基本形として示す。各組織や団体によって記述のルールが異なる場合もある。

図2　エコマップの例

出所：筆者作成

‖ 演習 2 ‖

　自分の家族のエコマップを書いてみよう。グループになって自分のエコマップを紹介し合おう。

　多様なサービスや制度が用意されていても、実際に活用できるものについて保護者が知らない場合がある。保護者が周囲の社会環境に目を向け、社会資源に気づくことができるエコマップは、さまざまな制度やサービスの活用を促すために有効なツールである。

　地域になじめず孤立しがちな親子に対しては、上記のようなアセスメントツールを活用しながら社会資源の情報を提供し、地域の子育て支援活動や住民による互助的活動などにつなげていく。また、家族間の協力を支援することも大切である。実際の支援における導入方法は後述する（p.75-）。

1-2◇保育の専門性を活かした支援

　保育の専門性を活かした支援として、<u>子育て不安への対応や保育に関する知識の提供</u>があげられる。

　子どもと過ごす時間が憂鬱である、子どもと一緒にいる時間が長く感じるなど、子育てを負担に感じている保護者がいる。また、子育てをしている自分が好きになれない、子どものいない人の自由さがうらやましいなど、子育て期に不安感や不満をもつ保護者がいる。さらに、子どもを育てることへの責任感から思い詰める保護者もいる。このような保護者の子育て不安の背景には、家族関係や保護者自身の問題があることも少なくない。

　保育士がアセスメントをおこない、不安を感じている保護者の話を注意深く共感的に聴くことによって、保護者は自分の気持ちや問題を整理できたり、気持ちを切り替えることができたり、子育て不安が軽くなったりする。子どもの発達の個人差を過剰に気にしてしまう保護者もいるが、特に個別の相談や支援が必要だと思われる場合は園内で情報を共有し、必要な支援につなげていく。

　保護者に、保育に関する知識を伝える事例をみてみよう。

事 例 1

　保育所の降園時間である。トモハルくん（2歳）はいつも母親が迎えに来るが、延長保育を利用しても時間に遅れがちである。今日も予定時間を過ぎてから迎えに来たトモハルくんの母親は、出迎えた保育士Aの顔を見るなり、「仕事がとても忙しい」「トモハルが親の言うことを聞かない」といった話を始めた。保育士Aは、母親の話を穏やかな態度で受けとめた。そしてトモハルくんが今日保育所でどのように遊んだかを話し、2歳頃の発達の特徴についても話題にして、トモハルくんが「言うことを聞かない」のはこの時期の育ちであるということもさりげなく伝えた。

このように、乳幼児期の発達に関する知識を保護者との会話のなかに織り込むなど、ふだんのやりとりのなかで知識を提供できることも保育士の専門性を活かした支援である。

さまざまな情報があふれている現代では、専門職である保育士から保育に関する確実な知識を提供していくことがますます重要になる。昨今は生活のなかで乳幼児と関わる機会が少ないため、多くの人は、乳幼児と直接ふれあう経験や子育て中の家族との交流などがないまま親になる。そのため、どのように子育てをしたらよいのか、世の中にあふれている情報をどう判断し活用すればよいのか悩む保護者も多い。このような、保育に関する知識が不足していたり情報を整理できなかったりする保護者に対して、日々のやりとりのなかで知識を提供できることが保育士の強みである。このような支援は、保育所を利用している保護者に対してはもちろん、保育所を利用していない地域の子育て家庭に対してもおこなう（後述の1-4参照）。

保護者の子ども理解をより積極的に促すために、子どもの発達などについて学ぶ研修の機会を提供することもできる。

1-3◇生活の場としての特性を活かした支援

保育所や施設は、生活の場であることを活かして保護者への支援をおこなうことができる。

保育所や施設は生活の場なので、実際の子どもの生活や保育の様子を保護者に見てもらったり体験してもらったりすることにより、子育ての方法や子どもの発達に関する理解を促すことができる*1。

また、子育てに疲れている保護者や虐待のリスクが高まっているような保護者*2に少し休んでもらうために、**一時保育***3などの利用を提案できるのも、生活の場としての特性を活かした支援である。

＊1　「一日保育士体験」（保育所を利用している保護者が保育に参加する機会を提供）を実施している保育所や、地域子育て支援の一環として保育所利用児と地域の子どもの合同活動の機会を設けている保育所などがある。

子どもの日々の姿や変化をよく知っているということも、生活の場としての保育所・施設の特性である。子育てや生活に悩んでいる保護者には、子どもの実際の姿が見えにくくなるときや、子どもの声に耳を傾けられないときがある。そのような保護者に子どもの実態を伝え、子どもの声を代弁できるのが保育士である。

保育士は、日々の保育のなかで得られる情報を活用して親子関係をみていくなかで、児童虐待の前兆や拒否的な育児態度、子育ての疲れなどに気づくことができる。この専門性を活かして、保育士は、乳幼児期の親子関係の小さな変化を見逃さず予防的支援にあたることが求められる。

事 例 2

　ある日の降園時、保育士Bは、子どもを迎えに来た保護者が険しい表情ときつい口調で子どもに接している様子に気がついた。泣きそうになりながら返事をしている子ども（2歳）に対して、保護者はさらに声を荒げて叱責している。やがて保護者は子どもの腕を強くつかみ、引きずるようにして立ち去ろうとした。保育士Bはゆったりした態度で保護者に近づき、微笑みながら話しかけた。

事例2のように、見過ごせない言動があったときに保護者を責めることなく関わり、保護者が余裕を取り戻せるようにしていくような実践も、保育士による家庭支援の特性である。

1-4◇地域の施設としての専門性を活かした支援

保育所は、身近な相談機関として地域にひらかれている。保育士はこの特

＊2　虐待発生のリスク要因は徐々に明らかにされてきている。厚生労働省「子ども虐待対応の手引き」（平成25年8月改正版）によれば、保護者の心身の不安定さや被虐待経験、子育てに関する知識の不足、子どもの養育の難しさ（未熟児、障害児など）、経済的困窮や社会からの孤立などが、リスク要因としてあげられている。

＊3　保育所に通っていない子どもを対象に、通常の保育とは別枠で一時的に子どもを受け入れる取り組み。主に認可保育所で実施されている。料金などは自治体・園によって異なる。

性を活かして地域に暮らす親子を支援することができる。

　たとえば児童発達支援センターなどに発達相談を申し込む行為は、保護者にとって勇気を必要とする。一方、園庭開放といった子育て支援活動のなかであれば、それほど構えることなく保育士に話しやすい。子どもを遊ばせながら、保育士との会話のなかで自然に相談することができて、問題が大きくならないうちに解決できることもあろう。

　このような場で、根が深い問題に出会うことがある。また、保護者自身は深刻にとらえていない相談事のなかに、大きな問題が潜んでいることもある。保育士の支援には、何気ない会話のなかで重要な課題に気づき、解決に向けて支援していくことができるという特長がある。児童虐待への対応（p.128-参照）においても、保育士による予防的関わり・早期発見により、状況が深刻にならないうちに支援につなげていくことができる。

　自分が生まれた家庭は、子どもにとってかけがえのないものである。子どもをできるだけ家庭から引き離さずに済むように、早い段階から家庭機能の不具合に気づき、支援することが重要である。子どもを園に通わせておらず、家庭だけで子育てしている保護者のなかには、ひとりで子育てに行き詰まっている人も少なくない。

事例3

　保育士Cは、園外保育で地域の公園に散歩に出かけた。公園には一組の親子だけがいた。園児たちが遊び始めると、その3歳くらいの子どもは、びっくりしたように母親の陰に隠れてしまった。「一緒に遊ばない？」と保育士Cが誘っても、母親のスカートをつかんでイヤイヤをしている。保育士Cは母親のそばで、園児たちが遊んでいる様子を見守っていた。しばらくすると、母親は小さな声で「この子は人見知りが強くて、私も人付き合いが苦手なので、いつも2人だけで遊んでいるんです」とつぶやくように言った。

家庭だけで子育てをしている親のなかには、地域の社会資源についての情報をもっていない人もいる。そのような親子にはたらきかけるのも、地域の施設としての役割である。

‖演習3‖
　あなたの住んでいる市区町村の社会資源について調べてみよう。

（　　　　　　　　　　　　※市区町村名）の社会資源

例：資源の名称　マロニエ子育て支援センター

　　実施内容　親子が自由に過ごしたり、交流したりできる。

　　　　　　　子どものことで困っている人が相談できる。

　　　　　　　講座を通じて、子育てについて学べる。

　　資源の名称　_____

　　実施内容　_____

　　　　　　　_____

　　　　　　　_____

　　　　　　　_____

　　資源の名称　_____

　　実施内容　_____

　　　　　　　_____

　　　　　　　_____

　下図は、子どもと家族をとりまく社会環境を表している。子どもが育つ環境は、保育所や幼稚園、こども園といった保育施設、学校、児童館などをはじめ、病院、児童相談所、保健センター、児童委員、子ども会、地域のクラブ、塾や習い事、友人、近隣住民など、多くの人や集団が関わって成り立っている。このような環境が、子どもや家族を直接・間接的に支援している。

　家庭は最も小さい環境である。次に大きい環境として近隣社会がある。子どもとその家族は近隣社会で日常生活を営んでいる。両親の職場なども子どもに影響を与える環境である。また、成長するにつれて地理的に広範な環境と出会うようになる。さらに、より大きな環境である社会全体や、その国の状況からも、子どもと家族の生活は影響を受けている。

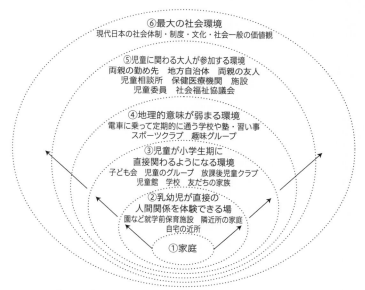

図3　子どもと家族をとりまく社会環境
　　　出典：ユリー・ブロンフェンブレンナー／磯貝芳郎・福富　護訳『人間発達
　　　の生態学──発達心理学への挑戦』川島書店、1996を参考に筆者作成

2 子どもの育ちの喜びの共有

2-1◇相談を通じた子どもの育ちの喜びの共有

　保育の場では、保護者のさまざまな相談に応じる機会がある。強い不安やストレスを抱えて、不適切な関わりをしてしまっている保護者からの相談もあるだろう。そのような場合にも保護者がもっているわが子への愛情を信じ、その子なりに成長している姿に保護者と一緒に気づき、共に喜ぶという姿勢で支援することが求められる。

　障害児など、発達の個人差が特に大きい子どもの保護者からの相談についても、基本的な姿勢は同じである。その子どもが発達している姿に焦点を合わせ、具体的なエピソードを交えて話をすることが求められる。できないことばかりに注目すると、保護者の気持ちをネガティブな方向に導いてしまう。

　子育ての様子や親子関係などの話を聞くなかで、保護者の悩みの主な原因がみえてくることがある。そのような場合も、早急な指摘や注意はしない。保護者自身やその家庭のよさ、強み、子どもが成長している姿などについて、言葉にして伝えていく。保護者は、保育士と共にわが子の成長に気づき、子育てのやりがいや喜びを共有する過程を経て、悩みや課題を解決する糸口を自分で見つけられるようになる。

　カズヤくん（3歳）の母親は、近所の保育所が地域に向けて開催している子育て相談の会に参加した。母親は「カズヤは落ち着きがなく、毎日が本当に慌ただしい。障害があるのではないか」と言う。対応した保育士Dがカズヤくんの様子を見ていると、カズヤくんは母親のそばを歩き回りながら、母親にミニカーを見せたりしている。だが母親はカズヤくんに一切目を向けず話し続けている。保育士Dは、「カズヤくんは母親と一緒に遊びたいのではないか」と思ったが、心理士が隣の部屋でカズヤくんを観察することにして、保育士Dは母親の話をゆっくりと聞いた。

　母親は、しきりに「カズヤをもっと育てやすい子どもにしたいのです」と言う。保育士Dは、「カズヤくんはとても活発で、はつらつとしたお子さんに見えます。それに、お母さんのことが大好きなんですね」と母親に言った。すると母親の表情が明るくなり、「この前、カズヤと公園でブランコに乗ったり川に遊びに行ったりしたんです。そのときは私も楽しかったですし、家に帰ったらカズヤはしっかりお昼寝して、私も自分のことができました」と思い出していた。母親は、子育てに喜びも感じているが、カズヤくんの動きについていくのに疲れ果ててしまうと言う。そこで、保育士Dは「カズヤくんのことは、経過をみていきましょう。一時保育の利用もできますよ」と話をして、保育所の一時保育の利用手続きや実施状況について説明した。

　保育士Dは、カズヤくんの実際の行動を見ながら「活発で、はつらつとしている」「お母さんのことが大好き」と表現している。それを聞いた母親も肯定的なエピソードを自ら語ることができ、具体的な対応（一時保育）についての相談に至っている。

　ただし、自ら相談しようとする保護者は、自分の悩みは深刻で重大なことだと思っている場合も多く、状況を十分に理解しようとせずに楽観的な話題に終始すると不信感につながることもあるので注意が必要である。

あなたが保育士だったら、カズヤくんの母親とどのように話をするだろうか。カズヤくんの母親と保育士の役で、周囲の人とロールプレイをしてみよう。

母親「カズヤをもっと育てやすい子どもにしたいのです」

保育士「＿＿＿＿＿＿＿＿＿＿＿＿＿＿＿＿＿＿＿＿＿＿」

母親「＿＿＿＿＿＿＿＿＿＿＿＿＿＿＿＿＿＿＿＿＿＿＿」

保育士「＿＿＿＿＿＿＿＿＿＿＿＿＿＿＿＿＿＿＿＿＿＿」

2-2◇子ども理解の促進

　子どもの姿は、家族や親子関係を照らし出す。「子どもに問題がある」という保護者からの訴えの背景には、家族関係や親子関係の不具合があったり、子どもに関する保護者の理解不足があったりする。そのような場合は、保護者が戸惑っている子どもの育ちについて、保護者からの話の流れに応じて情報提供をしていく姿勢が求められる。

　子どもの育ちの過程が理解できると保護者にも余裕が生まれ、子どもの日々の姿を喜ぶことができるようになる。保育士は、保護者と共に子どもの育ちに気づき、共に喜ぶという姿勢で支援することが求められる。

　保育所の降園時、保護者が次々と子どもを迎えに来ている。コウスケくん（4歳）の母親が保育士Eに話しかけた。「最近、コウスケからお友だちにちょっかいを出してケンカになったり、女の子を泣かせちゃうことも多くて困っているんです。今日はどうでしたか？」と不安そうに言う。保育士Eは、「今日は小さい子たちにカブトムシを見せたり、世話の仕方を説明したりして……」「このごろ、コウスケくんは周りのお友だちともっと関わりたいようですね。ケンカになってしまう場合もありますけど、この時期の子どもたちが経験していくことなので。だんだん自分たちでも解決できるようになっていきますよ。今は、私たちがその都度声をかけたり、ケガに注意して見ていきます」などと話した。

　すると母親は、「先生、コウスケが小さい子の面倒を見たなんて…！」と嬉しそうに話し始めた。保育士Eは、さらに「みんな、コウスケくんと一緒に遊べて楽しそうでしたよ」と続けた。母親は、家庭では見られないコウスケくんの姿を知り、育ちに目を向けることができたようだった。

2-3◇その子なりの成長を喜ぶ

　保護者の間では、子どもの成長・発達が話題になることが多い。子どもの発達過程はさまざまであり、同じ年齢でも子どもの姿は一様ではない。しかし保護者は、それをわかっていても他児と自分の子どもを比べがちである。そのような関係が、余裕のなさや保護者間の不和につながることもあるだろう。保育士は、一人ひとりの子どもの発達に個人差があることを、機をとらえて繰り返し保護者に伝えていく必要がある。そして、その子なりの成長を保護者自身が喜べるようになるとともに、<u>それぞれ個性的な子どもの成長を互いに喜び合える関係を保護者同士の間でつくっていくこと</u>が大切となる。

　保育所併設の子育て支援センターで、親同士がにぎやかに話をしている。保育士Fは少し離れたところでその会話を聞いていた。「うちの子はもう話し始めた」「うちの子は歩くのが早かった」などと、子どもの言葉や歩行の発達を話題にしている。話の輪のなかには、自分の子どもの発達が全体にゆっくりであることを気にしている母親もいる。見ると、その母親はこわばった表情で黙っている。保育士Fは親たちの近くに行って、「お子さんの発達は一人ひとり違うから……マイペースでいきましょうね」と言った。黙っていた母親も、話をしていた親たちも共感しうなずいていた。

2-4◇共感から信頼関係につなげる

　保育士は、毎日、登園時や降園時などに園での子どもの様子を保護者に伝えることができる。子どもの行動を伝えるときには、その行動をとった子どもの気持ちを代弁すること、友だちとの関わり方なども具体的に伝えることが望ましい。そのようなエピソードを積み重ねて、子どもの発達を保護者と一緒に喜ぶことが求められる。

　保育士の話の内容を通して保護者の子ども理解が促される。子どもの成長を共有し、喜びを共感できる関係づくりがふだんからできていれば、保護者は保育士に信頼感をもつようになり、悩みが生じたときにもすぐに相談できるようになる。

　この保育所では、玄関に給食のサンプルを置いている。ある日、保育士Gは、サンプルをじっと見ている母親に気づいた。ケイくん（5歳）の母親である。母親は、ケイくんの好き嫌いが多いことを気にしている。

　保育士Gは笑顔で話しかけた。「今日は豚肉を使ったおかずでした。ケイくん

に、「今日は豚さんのお肉だよ。おいしいから先生も大好きなんだ」って話した
ら、一口食べて嬉しそうにしていましたよ。見ていたお友だちも拍手してくれた
ので、ちょっと照れてたみたいです」「私が「豚肉のビタミンで夏も元気モリモ
リ！」って言ったら、もう一口食べて「けっこう、うまいなあ」って。デザート
は完食でした。少しずつ食べられるようになっていますよ。ケイくん、苦手なこ
とを乗り越える自信もついてきていると思います。給食以外でも挑戦しようとす
ることが増えています」とケイくんの姿を伝えると、母親は、「少しずつ食べら
れるようになって、自信もつけているんですね」と保育士Gから聞いたことを繰
り返しつぶやいて、安堵した様子でいた。

2-5◇保護者の自己尊重感を高める

　「子育てをしている自分が好きになれない」「子どもとうまく関われず、子
どもと2人でいるのがつまらない」などと話す保護者には、自分の子育てを
評価されていないという思いがある。子育てをつまらないものと感じる気持
ちが漠然とした不安や不満につながり、保護者の自己尊重感を低下させ、子
どもの育ちにもマイナスに影響する可能性がある。

　保護者にとって、自分の子育てを認めてくれる相手がいるかどうかは重要
である。おおげさな賞賛を求めているわけではない。たとえば子どもの愛ら
しい仕草やエピソードを言葉にして伝える、保護者にねぎらいの言葉をかけ
るなどといった、保育士が日頃からおこなっているやりとりが保護者の自己
尊重感を高め、前向きな子育てを支えるのである。このような関わりのなか
で、保護者が子どもの成長・発達を実感することができ、子どもと自然に向
き合えるようになれば、親子間・家族間での課題発生のリスクは低くなる。
また、課題が発生したときにも自分で解決できたり、あるいは家庭内や園で
早めに相談できたりするようになる。

　保育所に通うマユミちゃん（2歳）は、入園当初はとてもおとなしく、クラスのほかの子どもや保育士になかなかなじまない様子であった。しかし2か月も経つと、登園時は少しぐずるものの楽しそうに遊ぶようになり、活発さも増してきた。

　そんな折、マユミちゃんの母親から「私には社交性がない。私に似ているマユミも苦労するはず」という言葉が聞かれた。保育士Hは、「マユミちゃんもお母さんに似て慎重で、周りのことをよく見ていますよ。とてもやさしいので、お友だちも自然にマユミちゃんのそばに来て過ごしています」「マユミちゃんはお母さんのことが大好きなので朝は涙が出ちゃうようですけど、少し経つととても元気にみんなで遊んでいますよ」と話した。母親は、保育士Hからマユミちゃんの園での姿を聞き、また、自分の「社交性がない」という発言を「慎重」と表現されて、ホッとした表情で少し恥ずかしそうに微笑んだ。

‖ 演習 5 ‖

　あなたが自分の短所だと思っていることを長所に言い換えてみよう。

短所 _____

↓

長所として言い換えると、

_____

短所 _____

↓

長所として言い換えると、

_____

‖ 演習6 ‖

①以下に示すAとBそれぞれの意見のうち、あなたはどちらに賛成だろうか。
　あなたの意見に近いほうに丸を付けて、その理由も書こう。

②自分の考えと異なるほうの意見を擁護してみよう。どのような主張ができるだ
　ろうか。

③AグループとBグループに分かれてディスカッションしてみよう。

A　親がどんな暮らしをしていても、子どもの保育環境は同じであるべきだ。

B　親には子どもを養育する責任がある。親によって、子どもの保育環境に差が
　出るのは当然だ。

理由 ＿＿＿＿＿＿＿＿＿＿＿＿＿＿＿＿＿＿＿＿＿＿＿＿＿＿＿＿＿＿＿＿

＿＿＿＿＿＿＿＿＿＿＿＿＿＿＿＿＿＿＿＿＿＿＿＿＿＿＿＿＿＿＿＿＿＿＿

＿＿＿＿＿＿＿＿＿＿＿＿＿＿＿＿＿＿＿＿＿＿＿＿＿＿＿＿＿＿＿＿＿＿＿

A　悪いことをした子どもには、厳しく接したほうがよい。

B　悪いことをした子どもには、温かい関わりを通してはたらきかけたほうがよ
　い。

理由 ＿＿＿＿＿＿＿＿＿＿＿＿＿＿＿＿＿＿＿＿＿＿＿＿＿＿＿＿＿＿＿＿

＿＿＿＿＿＿＿＿＿＿＿＿＿＿＿＿＿＿＿＿＿＿＿＿＿＿＿＿＿＿＿＿＿＿＿

＿＿＿＿＿＿＿＿＿＿＿＿＿＿＿＿＿＿＿＿＿＿＿＿＿＿＿＿＿＿＿＿＿＿＿

A　乳幼児期の子どもは、ふだんは家庭だけで育てるほうがよい。

B　乳幼児期の子どもは、ふだんから地域ぐるみで育てるほうがよい。

理由 _____

_____

_____

A　子どもを教育するときは、親にもはたらきかけよう。家族が変わらないと、子どもも変わらない。

B　子どもは急速に成長するので、親にはたらきかけている猶予はない。子どもだけを教育しよう。

理由 _____

_____

_____

A　離婚して別々に暮らしている親と子どもを会わせるかどうかは、親が判断して決めるべきだ。

B　離婚して別々に暮らしている親でも、子どもには親と会う権利がある。

理由 _____

_____

_____

3 保護者及び地域が有する子育てを自ら実践する力の向上に資する支援

3-1◇自ら実践する力を向上させるための考え方

　支援者（子ども家庭支援においては保育士）が、対象者（子ども家庭支援においては保護者や地域）のもっている実践力を向上させるためには、<u>その人のもつ強みに着目する**ストレングス視点**</u>*4が求められる。

　ストレングス視点の根底にあるのは、人はその人自身がもっている力に着目されるとがんばることができ、自己尊重感をもって生きるようになり、さらに実力を発揮できる、という人間理解である。ストレングス視点に基づく支援においては、目標や生き方をその人自身が決めて、自分らしく生きられることを重視する。支援者は脇役となり、対象者本人を中心に置く取り組みである。ストレングス視点では、人がもつ強さや回復力を信じて力を引き出すように支援する。

　ストレングス視点に基づく支援とは、権利を奪われた人や困っている人が、<u>自分が本来もっている力や自身の大切さ、権利に気づき、意見が言えるようになることを目指す実践</u>である。これを**エンパワーメント実践***5という。

　人と環境は、互いに関わりながら変化していく関係にある（p.49 column参照）。人は環境からさまざまな影響を受けながら育ち、暮らしている（**エコロジカル・パースペクティブ***6）。しかし人は決して受け身の存在ではなく、

＊4　ストレングス視点とは、人のもっている生きる力や強み（ストレングス）への信頼に基づいた考え方である。

＊5　エンパワーメント実践の根底には、誰しも、その人なりの自立に向かって生きる力があるという人間への信頼感がある。

環境を自分の力で変えることもできるのである（**交互作用***7）。

　ストレングス視点に基づくエンパワーメント実践を、保育士がおこなう子ども家庭支援に適用して考えてみると、<u>保護者がその人らしく社会と関わる方法や社会資源を自ら使いこなす方法を一緒に考え、保護者や地域住民が自らやってみることを支援する</u>、という実践になる。また、実際に困っている状況があり、それに対して適切な社会資源がなければ、<u>一緒につくり出したり、制度化するように社会にはたらきかけたりする</u>。保護者や地域住民が当たり前の権利を奪われているなら、当事者を勇気づけながら権利を取り戻す方法を共に考え、共に行動していく。

　地域の子育て相談に応じる事例をみてみよう。

事例 9

　ベテランの保育士Iは、保育所併設の子育て支援センターで、産後3か月のヨウコさんから相談を受けた。ヨウコさんは疲れ切っており、「子どもは泣いてばかりいるし、夫は全然育児をしていない」とため息をつく。保育士Iは、時間をかけてヨウコさんの話を聞いた。相談に応じている間は、ほかの保育士がヨウコさんの子どもを預かり、面倒をみながら子どもの状態を観察した。子どもは心身共に健康のようである。保育士Iは、園が実施している一時保育の利用をヨウコさんに勧め、その後ヨウコさんは一か月ほど一時保育を利用し、徐々に体力と気力を取り戻した。

　最近では、ヨウコさんが一時保育を利用する機会は減っているが、保育所の子育て支援企画などには積極的に参加している。ベビーマッサージやふれあい遊びを覚えて、子どもとの関わりが楽しくなっていると言う。ヨウコさんと子どもの成長につられるように、ヨウコさんの夫にも父親としての自覚が出てきたようである。次回の手遊びの講座には、初めて夫が参加することになっている。

---

*6　エコロジカル・パースペクティブとは、人を、社会的な環境のなかで生きている存在としてとらえる人間観である。

*7　互いに関係をもち影響を与え合いながら双方が変化していくこと。

保育士Iは、「「だめなお母さん」や「だめなお父さん」なんて、いないんだよ。その人がもっている力を発揮するために、少し支援が必要なことはあるけれど」と新人保育士に教えている。

3-2◇保護者が自ら子育てをする力の向上

　保育士は保護者と話をする機会を通して、保護者が自ら子育てをする力を引き出していくことができる。前述してきたように、保育に関する知識を保護者に提供し、家庭での子育てに役立ててもらうことを常に意識する。

　また、保護者と周囲との関係づくりを試みることもある。保護者同士のコミュニケーションを促したり、地域資源につなげたりしていくことは、保護者の養育力を向上させるために重要である。保護者をとりまく人間関係が充実していくことで、子どもが保護者以外の大人や異年齢の子どもたちと関わる機会も増えるであろう。それが、子どもの社会性を育てることにもつながっていく。

　さらに、保護者会を通して保護者の養育力を高めていくこともできる。保育所などの保護者会は、子どもの年齢が近く、同じ地域で子育てをしているという共通項の多い当事者集団といえる。共通の課題となっている事柄について保護者会で話題を提供し、保護者同士で体験や考えを語ってもらったり、意見を言い合ったりしてもらうことも必要である。

　また、保護者会を通じてボランティアなどの社会貢献活動に参加することも、保護者が自ら子育てをする力の向上につながる。他者を支援して充実感を得るという経験が保護者自身の自己尊重感を高め、養育力の向上にもつながっていく。

　研修会の開催も、保護者の養育力を高める支援の一形態である。保護者の学習ニーズや現状に合った研修会を企画・開催すれば、保護者は研修会で得た知識を日常の子育てに活かすことができる。研修会の後に、保育士がその

内容を保護者会で取り上げたり、同様のテーマや発展させたテーマで情報交換会を開いたりすることも保護者の養育力向上につながるであろう。

事 例 10

　シンゴくん（4歳）には、発達障害がある。シンゴくんが発達障害の診断を受けたとき、母親はふさぎこみ、自分の人生にも自信を失った。しかし、気持ちを奮い立たせて発達支援センターに通い、利用できるサービスの情報を求め、活用してきた。

　シンゴくんは保育所に通っている。この園では、シンゴくんの気持ちをその都度丁寧に確かめ、親の考えをよく聴いて保育に活かしている。現在、シンゴくんの母親は地域の障害児の親グループの書記をしている。園から紹介されたグループである。母親は、そのグループで障害児の親の「先輩」たちに出会い、たいへん勇気づけられた。シンゴくんのような子どもたちが暮らしやすい地域をつくることが、母親の生きがいになってきている。

　シンゴくんの障害がわかったとき、母親は、これまで続けてきた好きな仕事を辞めてシンゴくんのサポートに専念することも考えていた。しかし、園長に「子どもに障害があるからといって、自分の夢をあきらめることはない。シンゴくんは成長してやがては大人になる。シンゴくんの人生とあなたの人生は違うもの」と言われた。母親は、これからも自分の生活を大事にしながら、シンゴくんの暮らしやすい環境をつくっていきたいと思っている。

‖ 演習7 ‖

　事例10の園長は、シンゴくんの母親に「子どもに障害があるからといって、自分の夢をあきらめることはない」と言っている。

①この発言に関するABCの意見を読んで、それぞれの考えについてあなたが思ったことを書こう。さらに考えたことがあれば「そのほかの意見」に書いてみよう。

②グループになって発表し、意見を言い合おう。

A　障害児は多くのケアを必要とする。親は子ども中心の生活をするべきだ。

_____

_____

B　親と子どもの人生は違う。社会の支援を受けて、親も自分の夢を大事にするべきだ。

_____

_____

C　園長の発言は正しいかもしれないが、現実的には、障害児の親が自分の夢を実現するのは難しい。

_____

_____

そのほかの意見

_____

_____

_____

おなかの子はダウン症、産む前に迫られた重い選択

2015年夏、東京都内の産科医院で、妊娠11週になった第1子のエコー（超音波）検査を受けた女性（37）は、医師から告げられた言葉に混乱した。「むくみがあるのでお子さんはダウン症の可能性が高い」（中略）

「この子を産んでも、俺は愛せないと思う」。夫の言葉に女性は、このまま産んで家族の関係が悪くなってしまってはいけないと思った。夫婦はやむを得ず、おなかの子をあきらめる決断をした。

8月。妊娠21週で中絶した。男の子は445グラム、24センチに育っていた。

女性は自宅の仏壇の前で、毎日泣き続けた。「何も悪くないのに。ごめんね」

その姿に夫は胸を痛めた。「もし、また子どもを授かったら、今度は必ず産もう。もう羊水検査は受けないでいい」と考えるようになった。

1人目を諦めたからこそ

年が明け、女性の妊娠がわかった。そして、第1子と同じ産科医院で受けた妊娠11週のエコー検査でむくみがみつかり、再び、医師からダウン症の可能性を指摘された。

「産む」という2人の決意は揺らがなかったが、医師の勧めで、採血で高精度に調べられる「新型出生前診断」（NIPT）を受けた。結果は陽性。さらに羊水検査でダウン症だと分かった。ただ、検査結果から、ダウン症になったのは遺伝によるものではなく、偶然が続いた非常に珍しいケースだと説明された。

夫は「1人目のときに考えた子どもの将来への不安は、深く考えないようにした。妻の心と体にこれ以上の負担をかけるわけにもいかない」と覚悟を決めた。女性は「2度続いたことでおなかの子に運命的なものを感じた」。16年11月、2800グラムの長女を出産した。（中略）

そして、ダウン症やほかの障害がある子の家族とのつながりが生まれた。助け合いながら、子育てをしている。女性は「同じように悩んだ経験があるからこそ、親身になってくれる」。食事や運動の仕方を学べる訓練や、言葉を使うのは難しくてもジェスチャーでコミュニケーションできる「ベビーサイン」の指導など、障害がある子が生活しやすくなるためのサポートも発展していると知った。

女性はいま、「娘を大切に育てていこうと決断できたのは、息子のおかげ」と振り返る。そして出生前診断についてはこう語る。「より体制の整った病院への転院や気持ちの準備ができる一方、産む、産まないの選択を迫られることもある。あきらめた後はどう立ち直るかも考えないといけない。不安を解決するための検査ではないことを知ってほしい」（朝日新聞デジタル2018年8月27日より引用）

3-3◇地域が有する子育て力の向上

　社会や地域に課題があるなかで保護者の相談に応じても、事態を改善できない場合がある。地域の子育て力を向上させる取り組みが求められている。現代の地域社会においては、非営利団体（NPO）や自治会などの組織が、専門職や行政（民生委員・児童委員など）と、どのように協働していけるかどうかが重要である。

　地域は、子育てがしやすい環境を整えるだけではなく、課題を抱える家族の声を代弁して広く社会にはたらきかけたり、新しい社会資源をつくり出したりすることができる。このように、地域は保護者を支援する力を有している。

　地域の有する子育て力を引き出すためには、その地域の特性を理解すること、住民が自ら計画し住民同士が関わり合うプロセスを大切にすること、ニーズに合わせて社会資源を紹介し住民が活用できるようにすることが求められる。

事例 11

　以前の N 市には、子どもが自由に遊べる場所が少なかった。市内の保育所の園長が子どもや保護者に聞いてみると、公園は狭い上に決まりが多く自由に遊べる状況ではないという。園長は、園の保護者会活動の一環として「子どもたちが地域でのびのび遊べる場所をつくる」という活動を提案した。

　まずは地域住民にも呼びかけ、保護者会の有志と一緒にグループをつくった。続いて、そのグループメンバーで市役所や社会福祉協議会にはたらきかけた。すると、「子どもが遊べるような土地を所有している高齢者がいる」という情報が得られた。グループからその所有者に話をしたところ、「雑草が茂って困っていた。雑草をとったり、管理したりするのを手伝ってくれるなら、土地を遊び場として無償で開放したい」と言ってくれた。

　保護者会では、さらに「引き続き地域にはたらきかけて、この活動の参加者を

もっと増やしましょう」という意見が出た。グループメンバーのひとりが、地域の幼稚園に子どもを通わせている友人に声をかけたところ、その友人は幼稚園の保護者会に呼びかけてくれた。また、何人かのメンバーが、子どもの習い事を通じて出会った保護者たちに声をかけた。このようにして増えた仲間や子どもたちとグループメンバーとが協力して、空き地の手入れなどをおこなっていった。

　そして、活動の経緯を知った自治会が協力を申し出て、空き地の管理を組織的におこなうことになった。空き地は「あそびのひろば」と名づけられた。今では、子どもたちと老人会が定期的に清掃をして、常に安全に使えるように保たれている。この「あそびのひろば」を拠点に、地域の人間関係も広がっている。

‖ 演習 8 ‖

　あなたの住んでいる市区町村における子育て支援活動や町おこしについて調べてみよう。調べたことについて発表しよう。

調べたこと ＿＿＿＿＿＿＿＿＿＿＿＿＿＿＿＿＿＿＿＿＿＿＿＿＿＿＿＿＿

＿＿＿＿＿＿＿＿＿＿＿＿＿＿＿＿＿＿＿＿＿＿＿＿＿＿＿＿＿＿＿＿＿＿＿

＿＿＿＿＿＿＿＿＿＿＿＿＿＿＿＿＿＿＿＿＿＿＿＿＿＿＿＿＿＿＿＿＿＿＿

発表で知ったこと ＿＿＿＿＿＿＿＿＿＿＿＿＿＿＿＿＿＿＿＿＿＿＿＿＿

＿＿＿＿＿＿＿＿＿＿＿＿＿＿＿＿＿＿＿＿＿＿＿＿＿＿＿＿＿＿＿＿＿＿＿

＿＿＿＿＿＿＿＿＿＿＿＿＿＿＿＿＿＿＿＿＿＿＿＿＿＿＿＿＿＿＿＿＿＿＿

IIIIIColumn 結婚と家族関係 IIIIIIIIIIIIIIIIIIIIIIIIIIIIIIIIIIIIIIIIIIIIIIIII

　家庭とは、人が結婚して子育てをし、年を重ねていくといったプロセスのなかで継続的に所属する集団の場である。結婚や子育てに関する家庭の機能は、時代や社会の影響を受けながら変化してきている。現代のように夫婦が同居して子どもを育てるという結婚の形式や結婚後の同居形態のほかにも、以下のように多様な方法があった。

　父系合同家族：結婚した息子はみな結婚後も妻子と共に生家にとどまる。
　父系直系家族：結婚した息子一家のうちの一組が、両親と共に生家に住む。
　母系家族：女性の住居を男性が訪ねているうちに妻方居住に移行する。

　結婚後の同居形態は、11世紀（平安時代）頃までは妻方居住が多く、14世紀（室町時代）に父系同居が始まったとされている。結婚の形式や同居形態は現在も変化し続けている。いわゆる「授かり婚」などは現代に広がった結婚の形態である。

　家族の社会的な意味や「家」に対する意識は、第二次世界大戦以降、以下のように大きく転換した。

- 国家機構の末端組織から私的集団へ（「お国のために」から「自分たちのために」へ）
- 人格的従属関係から法的平等へ（「お父さんが偉い」から「みんな大事」へ）
- 親子異世代中心から夫婦同世代中心へ（「親と子どもの関係中心」から「夫婦関係中心」へ）

　このような変化の結果、結婚は「夫の家に入る」という意味ではなくなった。しかし現代でも結婚は家同士の問題とされており、女性が結婚するときに「お嫁に行く」という言い方も聞かれる。現代の、社会集団の基礎単位としての家庭においては、同居形態と家への意識が微妙なバランスで入り交じっている。

IIIIIIIIIIIIIIIIIIIIIIIIIIIIIIIIIIIIIIIIIIIIIIIIIIIIIIIIIIIIIIIIIIIIIIIIIIIIIIIIIIIIIIIIIIIII

4 保育士に求められる基本的態度
──受容的関わり・自己決定の尊重・秘密保持等

バイステック*8は、来談者（子ども家庭支援においては保護者）と支援者（子ども家庭支援においては保育士）の信頼関係の形成について次のように述べている。すなわち、来談者の気持ちを分析し、その気持ちに応える支援者の態度が来談者の期待どおりであることによって来談者の気持ちが変化し、信頼関係が形成されるというものである。

バイステックの原則をもとに、保育士に求められる基本的態度を確認していこう。

4-1◇受容的関わり

受容とは、対象をそのまま受け容れるという意味である。保護者とのやりとりにおいては、保護者の気持ちを中心に考え、そのまま受け容れる態度をとることが求められる。

面談に応じる場合は、面談する場所の環境を整え、話を聴く準備を十全にしてから保護者を迎える。そして、保護者の話の流れに沿って保護者の気持ちを聴いていく。保育士には、保護者が気持ちを十分表せるように対応し、話の内容に対して感想を述べたり評価したりせず、そのまま聞くことが求められる。

このような態度により、保護者は「この人は、自分のことをわかってくれ

＊8　Biestek, F. P. アメリカの社会福祉学者。神学に基づくソーシャルワークを展開し、『ケースワークの原則』（1957）を著した。信頼関係を結ぶために7つの原則（1.個別化　2.意図的な感情の表出　3.統制された情緒的関与　4.受容　5.非審判的態度　6.クライエントの自己決定　7.秘密保持）を示している。

ている」と考え、話しにくい内容なども徐々に話題にできるようになる。

‖ 演習9 ‖

　2人組になって、「受容的な聴き方」のロールプレイをしてみよう。

① 一方が「最近悲しかった出来事」を話す。

② もう一方は、うなずいたり、受容的な言葉をかけたりしながら話を聞く。過剰に同情を示さない。

　例：「そうだったんだ」「ショックだったね」「それはつらいよね」

③ 2分経ったら、話し手と聞き手を交代しよう。

話す役割をした感想

_____

_____

_____

_____

‖ 演習10 ‖

　2人組になって、「非受容的な聴き方」のロールプレイをしてみよう。

①一方が「最近嬉しかった出来事」を話す。

②もう一方は、話を聞きながら否定的な言葉ばかりを言う。

　例：「私はそうは思わないけど」「でも○○だよね」「そんなことよりも…」

③2分経ったら、話し手と聞き手を交代しよう。

話す役割をした感想

_____

_____

_____

_____

‖ 演習11 ‖

　2人組になって、「おおげさに同情する聴き方」のロールプレイをしてみよう。

①一方が「最近嫌な思いをしたこと」を話す。

②もう一方は、話を聞きながらおおげさに同情する態度をとったり言葉をかけたりする。

　例：「本当にかわいそう！」「私なら耐えられない」「気の毒すぎる」

③2分経ったら、話し手と聞き手を交代しよう。

話す役割をした感想

_____

_____

_____

_____

4-2◇秘密保持

　保護者は、「相談内容や自分の悩みを他人に知られたくない」と思っている。専門職である保育士には**守秘義務**があるということを言葉にして説明し、保護者に安心してもらう必要がある。保育士は「秘密保持は当然のこと」と思っていても、相談に来た保護者がそれを知っているかどうかはわからないからである。

> 児童福祉法 第18条の22
> 　保育士は、正当な理由がなく、その業務に関して知り得た人の秘密を漏らしてはならない。保育士でなくなつた後においても、同様とする。

　さらに、保育士は「園を利用している保護者のことなのだから、園長などと話したり、カンファレンス（実践を検討・省察する会議）で検討したりするのは当然」と思っていても、保護者は「守秘義務があるということは、（園内も含めて）ほかの誰にも話さないはず」と思っているかもしれない。そこで、「よりよい支援のために、お話いただいたことは園内の会議に限って共有します」「園長には伝えておきます」などと、情報共有する範囲を、あらかじめ、具体的に確認しておくことが必須となる。さらに保護者から聞いた内容を、ほかの専門機関に伝える可能性とその目的・範囲についても丁寧に説明して、保護者の了解を得る必要がある。

　保育実践においては、必要な情報を園内で共有することが求められる。決して、ひとりの保育士が抱え込むようなことがあってはいけない。組織として支援するからこそ、保護者に対して多面的・継続的な支援ができるのである。

保育士」はアキナちゃんの母親に、「私たち保育士には守秘義務があります。面談でうかがった内容は園外で話したりしませんから、安心してください」とあらかじめ話をした。そして、アキナちゃんを大切に考えていることを伝えながら「園全体で、アキナちゃんにとってよりよい環境を考えていきたいので、園長には今日のお話を報告させていただきます」と説明もした。

‖ 演習12 ‖

守秘義務について、実習やボランティア活動で説明を受けたこと、実践したことなどを確認して書き出してみよう。グループになって話し合おう。

例：施設で職員から「利用者の名前を日誌に書くときは実名を用いないように」と事前に説明があった。

4-3◇個別化

相談に来る保護者には、「自分の抱えている問題は特別である（取るに足りない問題などと軽んじてほしくない）」「十分に聞いてほしい」「共感してほしい」という気持ちがある。

悩みを抱えて相談に来た保護者に対しては、「普通は○○です」などと一般論を話したり、「ほかの子もそうですよ」などと、ほかの子どもの話を安易にもちだしたりしないことが大切である。

　保育士Jは、アキナちゃんの母親の話をじっくりと聞いた。アキナちゃんの母親は、「アキナの成長がほかの子どもより遅れているのは、私の子育てが何か間違っていたせいかと悩んでいる」「時間が許す限りインターネット上の情報を見たり、本もずいぶん読んだりしたけれどますますわからなくなった。このごろは不安で夜もあまり眠れない」という。母親の話を聞いていた保育士Jは、「ずっとひとりで悩んできたんですね」と言葉を返すと、母親は涙をこぼしながら、さらに話を続けた。

4-4◇非審判的態度

　子どものことや家庭のことについて相談に来る保護者は、「家庭に原因があると責められるのではないか」と不安に思っている。そして、事実を話すことにより一方的に責められたくないという気持ちがある。相談に来た保護者の話を聞いて、たとえば虐待や不適切な養育が疑われたり、保護者の養育に問題が見いだされたりしても、「その行為は間違っている」「あなたが変わらなくてはいけない」などと言わないことである。ただし、虐待が疑われる場合は園内で連携のうえ、ただちに通告する。それが保護者と子どもを救うことにつながる。

　アキナちゃんの母親は、「子育てがうまくいかない」と自分を責めている。保育士Jは、「アキナちゃんは、お母さんのことが大好きだってよく話してくれるんですよ。お友だちや小さい子にもやさしいんです」「ご家庭でも、アキナちゃんのことを第一に考えて大切にしてきているのでは」と話し、また、園でのエピソードなども伝えた。すると母親は、最近、アキナちゃんにきつくあたってしまうことがあると打ち明けた。それを聞いた保育士Jは、「これからはひとりで悩まず、一緒に考えていきましょう」と応じた。

　あなたは保育所に勤務する保育士である。担当しているクラスの子どもの母親から、「子どもを強く叩いたり蹴ったりすることがある」と打ち明けられた。母親は、「先生だから本当のことを言ったの。絶対に誰にも言わないで」と言う。どのように対応したらよいか、4-2と4-4をもとに考えてみよう。

_____

_____

_____

_____

4-5◇自己決定の尊重

　相談に来る保護者の心のなかには、「話を聞いてほしい」「アドバイスがほしい」といった気持ちと共に、「自分のことは自分で決めたい」という思いがある。保育士は保護者が<u>自己決定</u>できるように周囲の環境を整える。そして保護者が自己決定した場合はそれを尊重する。

　自己決定の尊重とは、「あなたが勝手に決めてください」ということではない。自己決定できるように、<u>保護者の気持ちや生活の安定を支援し、情報を十分に提供する</u>。そして、保護者に必要な支援を継続しながら、保護者が社会資源を使いこなせるように見守っていくことが求められる。

事 例 16

　アキナちゃんの母親は、自分の悩みや本心を初めて十分に聞いてもらうことができて、気持ちが切り替えられそうだという。

　その後、アキナちゃんの母親は、さまざまなサービスや制度についての情報を園から得て、アキナちゃんの状態や家族の生活スタイルに合うサービスを選んで活用している。

5 家庭の状況に応じた支援

　保育士による子ども家庭支援は、アセスメントから始まる。家庭の状況を<u>アセスメントする際には、家庭機能を念頭に置く</u>。

　保護者からの相談に対応するとき、アセスメントを起点にしてどのように展開していけばよいのかみていこう。

5-1◇家庭の状況のアセスメント（課題あり／課題なし）

　少し気がかりな状況があり経過をみていきたい家庭に対しては、観察や面談から得た情報をもとに**アセスメント（環境評価）**（p.40参照）をおこなう。

　アセスメントで**ジェノグラム**（p.40-参照）を活用することにより、家族構成が明確になる。現代の家族形態は、ステップファミリー（p.15参照）であったり多世代同居であったりとさまざまで、複雑な親族関係がある場合も考えられる。支援対象の家庭の状況を理解するには、ジェノグラムによる家族関係の把握が基本となる。

　また、**エコマップ**（p.42-参照）により、支援対象の家庭をとりまく社会環境を整理する。エコマップを保護者と共に書きながら話をすることで、近隣関係やふだんの生活も知ることができる。

　アセスメントを通じて家庭の現状をまず理解し、次のアプローチへと展開していく。なお、支援のいずれの段階においても、**子どもの最善の利益**につなげていくという視点を意識しておく必要がある。

　事例12から16に示したアキナちゃんの母親の面談を例に、エコマップの導入の仕方をみてみよう。

　保育士Jは「エコマップを一緒に書きませんか？　今後のことを考えていくうえ
で、ヒントが見えてくると思いますよ」と提案して、エコマップを書きながらアキナちゃんの母親の話を聞くことにした。保育士Jは、まず紙の中央に丸を書き、丸のなかにアキナちゃんと母親の名前を書いた。そして、母親にエコマップの目的や意味、書き方などを説明した。

　保育士Jは「近所の方とはふだんからお付き合いがありますか？」と聞いた。すると母親は、「マンションのお隣のオガワさんとは、ときどきお互いの家に遊びに行きます」と言う。保育士Jは、「ではここに丸を書いて「オガワさん」と書き入れましょう」と促し、さらに「オガワさんとの関係は良好ですか？　普通ですか？」と問いかけると、母親は「オガワさんとは気が合うと感じています」と答えた。隣人との関係を聞いた保育士Jは、「では、オガワさんの丸は少し太い線でつなぎましょう」と言った。

　このようにして、保育士Jは「近所の公共機関に行ってみたことはありますか？」「これまで、子育て相談などに行ったことや申し込んでみようと思ったことはありますか？」「アキナちゃんとはどのようなところに一緒に出かけていますか？」などと聞き、母親はその質問に答え、都度いろいろな話をしながら、エコマップに丸や線を書き加えていった。

‖ 演習14 ‖

　あなたは保育士である。保護者とやりとりしているつもりになって、エコマップの書き方やその意味を説明してみよう。

「エコマップは＿＿＿＿＿＿＿＿＿＿＿＿＿＿＿＿＿＿＿＿＿＿＿＿＿」

「エコマップを書くと＿＿＿＿＿＿＿＿＿＿＿＿＿＿＿＿＿＿＿＿＿＿」

「エコマップの書き方は＿＿＿＿＿＿＿＿＿＿＿＿＿＿＿＿＿＿＿＿」

アセスメントの結果、喫緊の課題がない場合は引き続き見守っていく。親子の抱えている課題が具体的に浮かび上がった場合には、次の段階に進む。

5-2◇対応の検討（取り上げて対応する／見守りを継続する）

保護者自身の課題である場合は、その課題を取り上げて解決に向けたアプローチをすべきなのか、話を丁寧に聴いて今後の経過をみていくのか判断する。丁寧に話を聴くだけで、それをきっかけに保護者自身が解決できるようなことも多い。まずは時間をかけて話を聴き、見守る。取り上げて対応する必要がある場合は、次の段階に進む。

5-3◇支援方法の決定

課題を明確化し、解決に向けて集団を活用するか、個別に対応するか、支援方法を決定する。

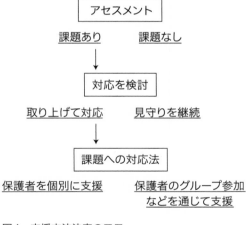

図4　支援方法決定のフロー

出所：筆者作成

5-4◇家庭機能を念頭に置いた支援

　支援の見通しを立てる際、視点として**家庭機能**を意識することが有効である（p.18-参照）。家庭の状況をアセスメントしていくなかで、家庭機能が弱っていることに気づいたら、そこに焦点を合わせてはたらきかける。

　養育機能（食事や清潔の習慣など心身の発達に不可欠な機能）が不足している家庭には、たとえば栄養面など園でできる補助をしたり、助言したりしながら養育機能を補い徐々に家庭の自立を促す。

　児童虐待とまではいえなくとも、**保護機能**（安全・安心な場として子どもを護る機能）が弱っている家庭に対しては予防的支援をおこなう。体罰などが子どもの発達に及ぼす影響などについて、保護者と一緒に考えていく必要がある。

　休息機能（心身の十分な休息を保障する機能）が果たせていない家庭に対しては、子どもにとっても心身を休める場・時間が必要なことを保護者に知らせていく。園での子どもの様子を伝えながら、家庭での休息が情緒の安定につながることなどについて理解を促す必要がある。

　家庭の**生活文化伝承機能**（習慣や行動様式などさまざまな知識を生活のなかで伝える機能）が不足している場合は、まず、家庭でおこなわれるべき生活文化伝承の不足を保育所で補うと共に、生活文化を保護者にも伝えるようにする。

　生命倫理観の醸成が果たせていない場合は、保護者の言動に対して側面支援をおこない、親子に関わるなかで生命倫理について一緒に考えていく。

　家庭は子どもにふさわしい環境でなくてはならないが、経済的困難があったり、協力者が少なかったり、保育に関する知識が不足していたりする場合などに、家庭機能に不具合が生ずることがある。子どもの気がかりな言動の背景に、家庭が抱える課題がみえてくる場合もある。　保育士は、日常の保育や送迎時などを通して家庭の状況がわかる。そのような立場にいる専門職

として、家庭の真のニーズを把握し、対応していくことが求められる。

‖ 演習15 ‖
　以下にあげる家庭の生活文化伝承（食事のマナー／季節の行事／清潔の習慣）
のために、保育所で補っている方法をあげてみよう。
例：挨拶の習慣
「おはようございます」などの挨拶を保育士が欠かさずおこなう（子どもに対し
ても保護者に対してもしっかり言う）。園内での挨拶の習慣を促していく。

食事のマナー
_____
_____
_____

季節の行事
_____
_____
_____

清潔の習慣
_____
_____
_____

　夫婦が互いを大切にしている家庭では、ねぎらいの言葉が交わされる場面を子どもは日常的に見るであろう。そうでない場合は、互いの主張ばかりの言い争いを子どもが見ることもあろう。そのような家庭内の人間関係のなかで子どもの人間観やコミュニケーションスタイルが育っていく。

　「夫婦げんかは犬も食わない」ということわざがある。もともと雑食で何でも食べる犬でも夫婦げんかには見向きもしない、つまり、知らん顔して通り過ぎたほうがいい（他人が口出しすることではなく、夫婦間で解決するものである）ということである。一方では、「けんかするほど仲がいい」という言葉もある。親しいと遠慮がないので、ついけんかになってしまうことがある。家庭のなかでは互いに言い過ぎることもあるが、本音が言える、ということも事実である。つまりけんかは、相手の感情を理解できるようになるひとつの方法でもあるといえる。

　子ども時代にけんかをした経験が少ないと、人との付き合い方における按配がわからなかったり、けんかを修復不可能な「大問題」と感じてしまったりすることがある。トラブルを恐れて本音を言わないうちに、互いの気持ちがすれ違っていくことは往々にしてある。

　きょうだいがいれば、家庭でのけんかの経験が、子どもが育っていく機会となる。けんかを通じて自分の欠点を容赦なく指摘されたり、本音を言い過ぎて相手を傷つけたり、悪かったと思って仲直りのタイミングを図ったり、という経験が家庭のなかでできるのである。子ども時代の修復可能なきょうだいげんかを通じて、自己を知ることや人間関係の機微を知ることができる。

6 地域の資源の活用と自治体・関係機関等との連携・協力

6-1◇地域資源の活用

　地域には、住民による多様な**社会資源**があり、さまざまなかたちで家庭支援に活かされている。

6-1-1◇自治会

　地域には**自治会**、町会、町内会などと呼ばれる組織（以下、自治会などと略）がある。こういった組織は、地域の生活のなかで家庭を支援している。

　自治会などの活動内容はさまざまであり、地域によっても異なる。一例をあげれば、食生活・生活習慣などの改善活動や、町内運動会、お祭り、ラジオ体操、盆踊り、餅つきなどの行事を通じた子どもの育成環境づくり、防犯・防火活動を通じた安全で安心な地域づくり、交通安全、公園の清掃や外灯管理といった環境整備などがある。

　自治会活動は日本型のボランティア活動といえる。つまり、「私はボランティア活動をしている」という意識がない住民も、自治会活動というボランティア活動に携わっているということである。

6-1-2◇児童委員・主任児童委員

　児童委員*9は地域の子どものことをよく知っており、地域住民の視点を

＊9　児童委員は厚生労働大臣から委嘱され、各地域において子どもたちを見守り、妊娠中から子育て期にわたって保護者からの相談に応じる。**民生委員**を兼ねている。

十全に理解したうえで相談に応じることができる。一部の児童委員は、児童に関することを専門的に担当する**主任児童委員**の指名を受けている。主任児童委員は厚生労働大臣から指名を受けた住民であり、その活動は多岐にわたる*10。

事例 18

　主任児童委員のKさんは、団地の集会室で毎週実施されている「あかちゃんひろば」で保護者たちと話をしたり、子どもの世話をしたりしている。「あかちゃんひろば」は保健センターが各地区で主催しており、主任児童委員が協力している活動である。

　Kさんは新米の主任児童委員であるが、「あかちゃんひろば」での活動を通じて、地域に暮らす親子の顔と名前がわかるようになった。保護者たちも、Kさんという住民の知り合いができて心強く感じている。

6-1-3◇ファミリー・サポート・センター（FSC）

　ファミリー・サポート・センター事業は、住民による有償の保育活動である。子どもを預かることができる住民（提供会員などと呼ばれている）が事務局に会員登録し、子どもを預けたい住民（利用会員などと呼ばれている）も会員になり、有料（1時間600〜800円程度）で保育をする。提供会員になる前に研修が実施されるが、保育士などの資格要件は求められていないことが多い。

　会員の組み合わせや調整をおこなうコーディネートの方法も、各地で独自に工夫されている。ファミリー・サポート・センター事業と同じような登録

---

*10　主任児童委員の活動は以下のとおりである。
　　児童の福祉に関する機関と児童委員との連携／関係機関との連絡調整／関係機関への要保護児童の連絡・相談・援護／担当区域の児童家庭などの実情把握／子育てサークルや子ども会の活動への参加／虐待防止のための研修への参加・連絡調整／児童委員の活動に対する援助及び協力

システムで、子どもの発病や突発的な用事のときなどに対応する**緊急サポートネットワーク事業**の運営も始まっている。

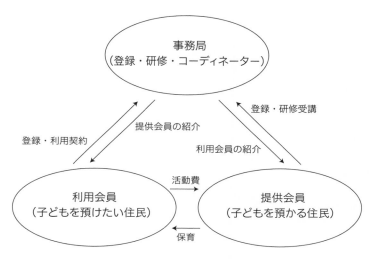

図5　ファミリー・サポート・センター事業の仕組み

出所：筆者作成

事 例 19

　Lさんはファミリー・サポート・センター事業の提供会員である。この街に4年前に引っ越してきたとき、Lさんには知り合いがいなかった。Lさんは以前住んでいた街でファミリー・サポート・センター事業を利用していたので、引っ越してきてすぐに提供会員に登録した。ファミリー・サポート・センター事業での活動を通じて街の情報などを教えてもらううちに、Lさんは地域になじむことができた。

　今日は公会堂でピアノの発表会があり、Lさんも聴きに来ている。ファミリー・サポート・センター事業で3年前からときどき保育をしている子どもが出演するので、その子どもの親から誘われたのである。ファミリー・サポート・センター事業を通じて、Lさんには地域にたくさんの友人・知人ができている。

6-1-4◇まち全体でおこなう子育て支援活動

　商店街で子育て支援活動をしている地域が増えている。商店街の活性化を目指して、商店主たちが高齢者・障害者・子どもの交流などを促進している。このような活動が、豊かな日常生活の場づくり、町おこし、村おこしなどにつながっている。

6-1-5◇母親クラブ

　母親クラブは、児童館や保育所を拠点とした地域活動である。名称は「母親クラブ」だが、性別や年齢、子どもがいるいないにかかわらず入会できる。
　母親クラブが企画・実施している主な活動には、以下のようなものがある。

- ・世代間交流・文化活動（キャンプやハイキング、多世代交流会など）
- ・児童養育に関する研修活動（講演会や研修会への参加など、会員自身の資質向上を目指した活動）
- ・事故防止のための活動（遊び場や遊具の安全点検、防犯パトロールなど）
- ・児童福祉の向上に寄与する活動（児童館祭り、園や学校行事の共催など）
- ・児童館日曜等開館活動

　全国各地で母親クラブに登録した子育てサークルを、国、各都道府県や市区町村、行政機関、児童厚生施設や企業などが支援している。都道府県（政令指定都市、中核市）に**地域活動連絡協議会**（みらい子育てネット）が設置され、母親クラブをまとめている。
　また、こども未来財団、児童健全育成推進財団などによる指導者研修会を実施し、活動の充実を図っている。

6-2◇自治体・関係機関との連携・協力のポイント

　子ども家庭支援においては、課題の予防と早期対応が重要である。日頃から、課題が発生したり大きくなったりしないような環境づくりをすることが求められる。

6-1にあげたような社会資源に関する情報を保護者に提供していくととも
に、保育所や施設は組織として自治体・関係機関に協力したり情報交換した
りして、日頃から関係づくりをおこなう必要がある。

　自治体・関係機関との連携・協力に必要な視点は、以下のとおりである。

・予防的取り組みとノーマライゼーションのために連携する。

・地域性を重視する。

・住民参加・利用者主体、自己決定を重んじる。

・住民による活動と連携する。

・ネットワーク形成を心がける。

・連携・協力のプロセス（実践過程）を重視する。

・地域全体を見据えた総合的取り組みを意図する。

　子育て中の家族・親族や住民の近隣関係を通じたネットワークを確認し、
ネットワークを活かしながら、公的なサービスや制度とつなげる。そのよう
にして、自治体・関係機関と保育所や施設が連携・協力し合うことにより、
子どもや家族が暮らしやすい地域となり、課題発生の予防と早期対応が可能
になる。また、子どもや保護者が安心して生活できる地域は、誰にとっても
住みやすい地域といえるであろう。

‖ 演習16 ‖
　保育士になったつもりで、「地域住民と親しくなると、どのようなよいことが
あるのか」について保護者に説明してみよう。

子どもにとっては

_____

_____

保護者にとっては

_____

_____

地域住民にとっては

_____

_____

地域全体にとっては

_____

_____

第4章 子育て家庭に対する支援の体制

1 子育て家庭の福祉を図るための社会資源

1-1◇行政による家庭支援

　家庭で子どものことについて困ったときには、市区町村の子育て支援課などに相談できる。内容や程度にかかわらず悩み全般を受け付けている。

　また、子育てに行き詰まっている家庭や、虐待のリスク・傾向がある家庭の早期発見やきめ細かい対応ができるよう、**児童家庭支援センター***1や**家庭児童相談室***2といった施設に相談窓口が設けられている。家庭児童相談室は、児童館などの児童福祉施設、子ども会や母親クラブなどの地域組織とも連携しながら家庭支援をおこなっている。常にひらかれている身近な相談の場として、児童虐待や子どもをめぐる家庭の問題発生を地域で早期に発見し、支援する。

　子どもの発達や家族の心身の健康に関しては、**保健所**や**保健センター**に相談できる。**保健師**は業務として家庭訪問をおこなうことが知られているので、自然な流れで家のなかへ入ることができる。これが保健センターによる虐待予防・対応の利点である。このような特性があるため、保健センターは地域に暮らす親子の情報をもっている。保育士は、保健師と協力して児童虐待の予防や早期発見に努めたい。

＊1　1997（平成9）年の児童福祉法改正によって、児童家庭支援センターが地域に身近な家庭支援の機関として創設された。

＊2　家庭児童相談室は福祉事務所にあり、子どもの問題を扱う職員（家庭児童福祉主事、家庭相談員）が相談に応じている。福祉事務所は福祉六法に定める社会福祉事務をおこなう福祉行政機関で、社会福祉法に位置付けられている。都道府県・市町村・特別区に設置されている。

児童虐待を受けた子どもの保護などについて専門的に対応するために、**こ
ども家庭ソーシャルワーカー**という資格が2024（令和6）年より創設され、
児童福祉司の任用資格として位置付けられた。こども家庭ソーシャルワーカ
ーは、一定の実務経験のある有資格者（社会福祉士・精神保健福祉士など）や、
保育所等で主任保育士等として相談援助業務を含む実務を4年以上経験した
現任者が、研修（国の基準を満たす認定機関が認定した研修）などを経て取得
する資格である。

事例 1

　保健センターに匿名の電話が入った。「昨夜、近所の3歳の子どもが暗くなる
まで家の外に出されて泣いていました。よくこういうことがありますが、虐待で
はないかと心配です」。

　翌日、保健師が「こんにちは！　3歳児健診にいらっしゃらなかったお宅にう
かがっています」と、その家を訪問すると、母親と子どもが在宅していた。

　保健師がゆったりとした態度で母親の話を聴いていると、母親は徐々に悩みを
話し始めた。育児疲れや夫の非協力的な態度に苛立ち、子どもにあたってしまっ
たという。

　保健師は、この母親は「子育てひろば*3」に参加するといいのではないかと
考えた。親同士の会話によって気持ちが軽くなることも多い。そこで、「子育て
ひろばに参加しませんか？　同じように悩んでいるお母さんたちも来ていますよ。
お子さんを遊ばせながら愚痴を言い合うだけでも、気持ちを切り替えられるみた
いです。子育てひろばには保育士もいますから、安心して過ごせますよ」と言っ
て、子育てひろばのパンフレットを母親に渡した。

　翌週の子育てひろばには、保育士に見守られながらほかの親たちに挨拶をする
母親、遊びの輪に入っていく子どもの姿が見られた。

＊3　地域子育て支援拠点事業（p.90参照）の拠点施設でおこなう交流の場。

1-2◇地域の公共施設による家庭支援

　地域子育て支援拠点事業*4（子育て支援センター）は、幼稚園や保育所や認定こども園に通っていない子どもの家庭を対象にしている。地域で乳幼児を育てている家庭の集う場である。

　センターに行くまでにも勇気を必要とし、ようやく辿り着いて入口で入ろうかどうしようか迷っている親子や、利用者の輪に入れずにいる親子こそが、最も子育て支援を必要としている。孤立しがちな親子に目を向けることが重要である。自分が虐待をしてしまうのではないか、あるいは虐待をしてしまっているのではないかと悩んでいる保護者もいる。そのように悩んでいる保護者を責めたら、支援の場に二度と来なくなってしまうかもしれない。親子にとって身近な施設や機関にいる支援者は、保護者の気持ちを受けとめるところから始めて、愚痴をこぼせるような信頼関係を形成していく。それが子育ての課題解決につながる。

事例 2

　母親と2歳くらいの子どもの姿が、子育て支援センターの受付から素通しのドア越しに見えた。今日初めて利用するらしい母親は中に入りたそうであるが、子どもがぐずっている。保育士Aはすぐにドアの外まで迎えに行った。そして、「おはようございます」と母親に笑顔であいさつをして、子どもに「どうしたの？」と優しい声で話しかけた。

　そのとき、きつくつかんだ母親の爪が子どもの腕に食い込んでいるのを、保育士Aは見逃さなかった。それを表情に出さずに、保育士Aは「中にはおもちゃもあるよ。入ってみようか」と子どもに声をかけ、親子を子育て支援センター内に誘導し、利用方法を説明した。

＊4　地域子育て支援拠点事業は児童福祉法に規定されており、常設の子育て支援の場を運営している。類型として一般型、連携型があり、基本事業は以下の4つである。
　　子育て親子の交流の場の提供と交流の促進／子育て等に関する相談、援助の実施／地域の子育て関連情報の提供／子育て及び子育て支援に関する講習等の実施

母親は、ほかの親子がいないコーナーに子どもを連れていった。保育士Aは少し離れたところから見守っている。子どもは母親の顔色をうかがうようにしながらおもちゃを手に取った。母親は無表情で見ており、子どもと一緒に遊んだり、声をかけたりする様子はない。

　子どもがおもちゃを乱暴に投げたときである。母親が手を少し動かすと、子どもは自分の頭をかばった。保育士Aは「日頃から体罰がおこなわれているのではないか」と考え、母親に静かに近づいた。そして「この時期の子育てって、大変ですよね」と話しかけた。母親は保育士Aのほうを見ると、涙目になりながらうなずいた。

　その後、母親は、子どもが自分の言うことをきかないとイライラが収まらないことや、子どもと2人だけで家で過ごす昼間の時間がつらいことなどを話した。保育士Aは、「○○さんはひとりでがんばっていらっしゃるのですね」と言い、「少し休むことも必要かもしれません」と一時保育の情報を提供し、それとなく家の住所を尋ねた。母親は、その日は昼頃まで支援センターにいて、「また来ます」という言葉を残して帰った。

　それ以来、この母子は毎日支援センターに来ている。「子どもとうまく遊べない」と保育士Aに訴えたり、ほかの親たちと一緒に愚痴をこぼしたりしながらも、母親も子どもも明るさを取り戻してきたようである。

　児童館[5]や保育所でも、地域の家庭の子育て支援活動や相談をおこなっている。小中高校生が放課後に利用し、幼児とその保護者が通う児童館は、自由な遊びの場である。児童館では、子どもも親も、学校や園などと異なる自然な姿を見せるので、子どもと家庭の実態を知ることができる。

＊5　児童館は地域の児童福祉施設である。児童健全育成を目的に、家族支援にも取り組んでいる。

　このごろ児童館にやってくる小学2年生のサクラちゃんのことについて、職員会議で話題になった。「昨日、ちょっとしたことでサクラちゃんが友だちに食ってかかってけんかになった」「この前もサクラちゃんが大暴れしてたいへんだった」と、サクラちゃんをトラブルメーカーのように見ている向きもある。

　館長は「サクラちゃんの家庭での様子はどうなのだろう」と考え、地域の主任児童委員に相談した。主任児童委員の話では、サクラちゃんの家族は最近、団地に入居したそうである。「サクラちゃんの家のなかから父親の怒鳴り声が聞こえ、母親がけがをしていたこともある」という近隣住民の話があり、ドメスティックバイオレンスが疑われるので気になっていた家族だ、ということであった。話し合いの結果、母親からの訴えはなくてもサクラちゃんのことを考えればすぐに対応する必要がある、ということになった。

　児童館では、暴力がおこなわれている家庭で暮らしているサクラちゃんの状況を重く受けとめ、「サクラちゃんにとって児童館が安心して過ごせる居場所となるように温かく接すること」という対応方針を決定した。さらに、主任児童委員がサクラちゃんの母親に話を聞き、配偶者暴力相談支援センターを紹介した。

　育児困難、虐待、障害、非行、不登校、家庭内暴力、いじめなどについて、特に専門的な対応は児童相談所がおこなっている。ここまでみてきたように、多様な組織・機関が連携すれば、地域全体の子育て家庭に幅広く対応できる。

‖ 演習1 ‖

　保育士になったつもりで、事例3のサクラちゃんへの支援を考えてみよう。

サクラちゃんについて感じたこと

_____

_____

サクラちゃんの家庭について感じたこと

_____

_____

サクラちゃんと家族のために保育士としてできること

_____

_____

他の専門機関と連携すべきこと

_____

_____

連携するとよいと思う機関

_____

_____

　2022（令和4）年の児童福祉法改正（施行は令和6年）により、子ども家庭総合支援拠点と子育て世代包括支援センターが見直され、**こども家庭センター**の設置が市町村の努力義務となった。

　同センターの目的はすべての妊産婦・子育て世帯・子どもの福祉に関する包括的な支援をおこなうことであり、主に以下の役割・機能を担う。

- 家庭からの相談に応じる。
- 子どもや妊産婦の福祉に関する実情把握、情報提供をおこなう。
- 要支援の子どもや妊産婦等への支援計画（サポートプラン）を作成する。
- 関係機関との連絡調整をおこなう。
- 子どもや妊産婦の福祉、子どもの健全育成に資する支援を円滑におこなうための体制を整備する。
- 地域子育て相談機関（保育所、認定こども園、地域子育て支援拠点事業の実施場所などで、市町村が認めるもの）と密接に連携を図る。

1-3◇多様な家族像と行政の動向

　日本では、同性婚が認められていないことをはじめ、性的マイノリティ（LGBT*6）に関する法的な整備や支援体制の強化が遅れているが、こういった状況を改善していこうという動向がある。

　東京都の渋谷区が初めてパートナーシップ制度（宣誓書方式による同性カップルへの公的書類を交付）を開始して以降、各自治体で導入が進んでいる。市役所などで宣誓をし、宣誓書のコピーと受領証がその場で本人たちに渡される。この受領証がパートナーシップ証明書になる。法的な婚姻ではないが、たとえばパートナーの手術や危篤などの際に、夫婦としての権利や役割が社会的に認められることとなる。しかし、日本では同性カップルの権利はいまだ認められにくい。

*6　L：レズビアン（女性同性愛者）、G：ゲイ（男性同性愛者）、B：バイセクシュアル（両性愛者）、T：トランスジェンダー（性の境界を超えた者、心の性と体の性が違う者）

同性婚公表のキャンベルさん「日本の空気見直す時期」

「日本人の同性パートナーと連れ添って、来年で20年になる。昨年8月には米・ニューヨーク州で婚姻の手続きもとった。私がゲイであることを周囲の人たちはみな知っているが、それによって白眼視されたり、キャリアを逃したりしたことはない。7年前に大病を患った時も、病院側に同性パートナーの存在を伝え、非常に良くしてもらった。しかし、日本で知り合った当事者の話を聞くと、それは決して日本の『当たり前』ではない。人生の様々なステージで、当然の権利を行使できずにいる性的少数者の人びとが大勢いる」（朝日新聞デジタル2018年8月25日より引用）

子どもと夫婦という関係から同性婚をみると、里親となり、子育てをしている同性婚カップルがいる。また、あえて結婚をせずに子どもをもつ選択をする女性もいる。

養育里親　男性カップルを大阪市が全国初認定

大阪市によると、昨年12月、市内在住の30代と40代の男性を養育里親と認定した。市は、養育する子供については詳細を明らかにしていない。

厚労省は里親委託に関するガイドラインを2011年に策定した。ガイドラインに基づき、各自治体で里親の認定について運用が進められている。

自治体によっては、同性カップルを異性間の結婚に相当すると認める動きもあるが、里親については夫婦を前提とし、性的マイノリティー（LGBT）の認定には消極的な意見もある。

しかし、厚労省ガイドラインでは里親希望者の要件について、同性カップルかどうかは定めておらず、同省家庭福祉課は「ガイドライン上、同性カップルでも里親を希望することは可能」とする。実際に認定されたケースは把握していないという。

同省によると、国内では現在、約4万5000人の子供が社会的養護のもとで生活している。大半は児童養護施設などで暮らし、里親に預けられているのは1割強にあたる約5000人にとどまっている。同性カップルの里親を望む声は以前から一部であった。（朝日新聞デジタル2017年4月5日より引用）

結婚せずに出産・子育ての道
子作り促され離婚　40歳目前に「欲しい」

米国東部に住む日本人女性（51）は11年前、未婚で出産した。

昔は子どもが苦手だったのに、40歳を目前にしたある日突然、子どもが欲しいと思った。年齢が高くなると妊娠が難しくなるため、タイムリミットが迫っている、と感じた。急な気持ちの変化を「子宮から指令を受けたみたいだった」と振り返る。

女性は以前、日本で結婚したことがあった。元夫は優しい人だったが、必死で何かを追い求めることがなく、「父親」としての姿をイメージできなかった。出産すれば、フリーランスの仕事は辞めなければいけないとも感じた。将来、「子どものせいでやりたいことができなかった」と不満を持つのは避けたかった。

しかし、元夫の実家からは「妊娠しやすくなる」という食品などが送られてきた。子どもを欲しがっていなかった元夫も、「家のためにも、子どもは作っておいたほうがいいんじゃない？」と言うように。価値観のずれから関係は冷め、離婚して渡米した。

40歳を前に子どもが欲しくなっても、そのために結婚しようとは思わなかった。夫にイライラする女友達を見ていて、「一人のほうが安定した気持ちで子どもを育てられるのでは」と思った。以前の結婚で、結婚は自分に向いていない、とも感じていた。

女性は、元恋人で、信頼できる友人だった北欧出身の男性に「一人で子どもを産んで育てたい」と相談した。父親としての義務は求めず、金銭的な要求もしないことなどを伝えると、承知してくれた。すぐには妊娠できなかったため、病院で検査し、閉じていた卵管を手術。人工授精も試み、男の子を授かった。

出産すると、急に「死」が怖くなった。それまでは「いつ死んでも平気」と思っていたのに。人生で優先するものが自分より息子になり、「こういう生き様の人を見て育ってほしい」と感じた別の男性と、息子が2歳半のときに再婚した。現在は、男性が以前結婚していた時の子どもも一緒に暮らす。

息子は、北欧出身の元恋人のことを「生物学的な父親」、彼の子どもたちのことを「きょうだい」と認識。彼の両親も息子を孫としてかわいがってくれ、北欧の実家にも何度も遊びに行っている。（朝日新聞2018年8月27日朝刊25面より引用）

夫婦や子育て、家庭のあり方は常に変化し続けている。固定観念にとらわれず、目の前にいる家族の姿をそのまま受けとめる柔軟さが求められる。

2　子育て支援施策

　日本の子育て支援施策はエンゼルプランから始まった。エンゼルプランから現在の施策、子ども・子育て支援新制度までを概観しよう。

2-1◇エンゼルプランから子ども・子育てビジョン

　エンゼルプランは、文部、厚生、労働、建設の4大臣合意により1995（平成7）年度から1999（平成11）年度までの**少子化対策**の基本方向を策定したものである。その具体化の一環として、平成7年度から11年度までの目標値を緊急保育対策等5か年事業で示した。

　その後、5年ごとに少子化対策が示されてきた。エンゼルプラン終了後は新エンゼルプランが、続いて子ども・子育て応援プランが提示された。

　2010（平成22）年には、それまでの少子化対策の視点を再検討し「子ども・子育てビジョン—子どもの笑顔があふれる社会のために」が発表された。子ども・子育てビジョンでは、社会全体で子育てを支えるという方針が示されている。

　少子化は、以下のような経済的・文化的影響を及ぼすといわれている。

・若い働き手が少なくなる。
・納税者が減少する。
・年金や社会保険などの加入者が減少する。
・人口減少により、経済が縮小する。
・若い世代の減少により、文化的な活動や芸術などに関して新しい息吹が感じられなくなる。
・地域の人口、特に子どもが少なくなり、地域社会の活力が低下する。

・子ども同士で遊ぶ機会が減り、成長に望ましい環境が得られない。

しかし、少子化対策には賛成意見ばかりではなく、いろいろな意見がある。あなたはどう考えるだろうか。

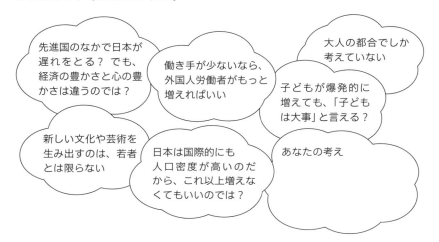

2-2◇子ども・子育て支援新制度

2012（平成24）年度に**子ども・子育て関連3法**[*7]が成立し、これに従い、2015（平成27）年から**子ども・子育て支援新制度**（以下、新制度と略）による子ども・家庭支援が始まった。

国では、内閣府に子ども・子育て本部を設置して子どもや子育て家庭への支援を一括しておこなってきたが、2023（令和5）年以降は**こども家庭庁**に事業が移管された。幅広く意見を求めて子育て支援の施策を有効に実施するために、**こども家庭審議会**が置かれている。都道府県と市町村には合議制の機関（「子ども・子育て会議」など）を置き、地域の実情を把握しつつ、それに合わせた支援施策を策定していく。

新制度では、地域子育て支援の充実を図っている。地域で子育てをしてい

[*7] 2016（平成24）年に成立した「子ども・子育て支援法」「認定こども園法の一部改正」「子ども・子育て支援法及び認定こども園法の一部改正法の施行に伴う関係法律の整備等に関する法律」の3法を指す。

る家庭のために、一時預かりや地域子育て支援拠点を増やすとともに、子育ての社会資源を活用しやすくするために利用者支援事業*8も始まった。

　また、新制度では幼稚園や保育所が幼保連携型認定こども園に移行することを推進している。幼保連携型認定こども園は、制度として成立した当初から地域の子育て支援機能を担っている。

　新制度下の保育施設の利用については、保護者の就労の有無、フルタイム就労かパートタイム就労か、などによって保育支給認定*9がおこなわれる。

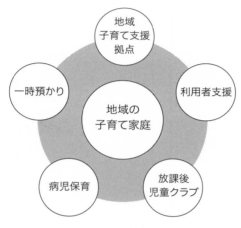

図1　地域子育て支援の充実

出所：筆者作成

＊8　利用者支援事業には、基本型、特定型（保育コンシェルジュとして、教育・保育施設などと保護者のマッチングをする）、母子保健型（妊娠期から子育て期の幅広い相談に応じる）がある。この事業は、子育て中の家庭や妊産婦と、教育・保育施設や地域子ども・子育て支援事業、保健・医療・福祉などの関係機関をつなぐとともに、身近な場所で相談や情報提供、助言といった必要な支援を受けられるようにはたらきかけ、関係機関との連絡調整、連携・協働の体制づくりをおこなう。

＊9　1号認定は満3歳以上の幼稚園枠、2号認定は3歳以上の保育利用、3号認定は3歳未満の保育利用。2号・3号認定のなかに保育標準時間認定（11時間利用）と保育短時間認定（8時間利用）がある。それ以上保育を要する場合は延長保育を希望することになる。

‖ 演習2 ‖

　あなたは保育所に勤務する保育士である。保育所内の子育て支援センターに来
ている2歳の子どもと、その保護者のことが気になっている。この親子は毎回来
るが、ほかの親子と交流はしていない。話しかけるタイミングを図っているよう
な様子が見てとれる。

　この親子とほかの親子をつなげる場合、まず、誰にどのように話しかければい
いだろうか。かける言葉を考えてみよう。また、グループになって意見交換をし
て、ロールプレイもしてみよう。

保育士（＿＿＿＿＿＿に向かって）「＿＿＿＿＿＿＿＿＿＿＿＿＿＿＿＿＿＿＿」

保護者「＿＿＿＿＿＿＿＿＿＿＿＿＿＿＿＿＿＿＿＿＿＿＿＿＿＿＿＿＿＿＿」

保育士「＿＿＿＿＿＿＿＿＿＿＿＿＿＿＿＿＿＿＿＿＿＿＿＿＿＿＿＿＿＿＿」

保護者「＿＿＿＿＿＿＿＿＿＿＿＿＿＿＿＿＿＿＿＿＿＿＿＿＿＿＿＿＿＿＿」

保育士「＿＿＿＿＿＿＿＿＿＿＿＿＿＿＿＿＿＿＿＿＿＿＿＿＿＿＿＿＿＿＿」

2-3◇待機児童の動向

　「保育所等関連状況取りまとめ」によれば、2023（令和5）年4月1日時
点で全国の待機児童数は2,680人であり、前年比で264人減少している（図
2）*10。待機児童数は減少傾向にあり、最も多かった2017（平成29）年の
26,081人から約10分の1となっている。全国で待機児童のいる市区町村は
231（全市区町村の13.3％）であり、つまり86.7％は待機児童が解消している。

　保育所数と定員数は増加しており利用定員は約305万人であるが、保育所
等の利用児童数は約272万人（前年比約1.3万人減）と減少している。

＊10　調査では、従来の保育所に加えて、幼保連携型認定こども園などの特定教育・保育施設、
　　　特定地域型保育事業（うち2号・3号認定）の数値を含む。

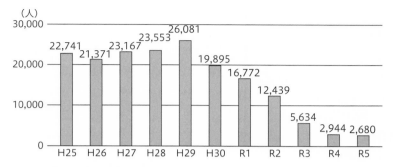

（人）

図2　保育所等待機児童数の推移
出所：こども家庭庁「保育所等関連状況取りまとめ（令和5年4月1日）」、2023

‖‖‖Column 子育て支援員制度 ‖‖‖

　保育士の人材不足などの解消を目的に、国は、2014（平成26）年から子育て支援員という認定の仕組みを設けた。子育て支援員の制度は、子育て経験のある専業主婦などが地域の子育て支援の場で保育者として活躍することを期待するものである。小規模保育、家庭的保育、事業所内保育で保育をしたり、保育所で保育士の補助、放課後児童クラブで指導員の補助などをしたりする。

　子育て支援員になるには、20時間程度の研修を受講する必要がある。認定されると、全国どこでも働くことができる。

‖‖‖

3 次世代育成支援施策の推進

3-1◇次世代育成支援対策推進法と子ども家庭支援

　次世代を担う子どもを育む協働の枠組みとして、**次世代育成支援対策推進法**[11]（以下、次世代法と略）が施行されている。次世代法に基づき、国、地方公共団体、企業は以下のようなコンセプトに沿って行動計画を策定する。

- ・地域における子育ての支援
- ・母性並びに乳児及び幼児の健康の確保及び増進
- ・子どもの心身の健やかな成長に資する教育環境の整備
- ・子育てを支援する生活環境の整備
- ・職業生活と家庭生活との両立の推進等
- ・結婚・妊娠・出産・育児の切れ目ない支援の推進
- ・子どもの安全の確保
- ・要保護児童への対応などきめ細かな取組の推進

3-2◇次世代育成支援の活動

　次世代法の考え方に基づく地域の活動には、以下のような例がある。
地域における子育ての支援

- ・子育てサロンを開く。
- ・フリーマーケットなどで家族同士の交流を促す。

＊11　次世代育成支援対策推進法は2003年から2025年までの時限立法で、国・地方公共団体、企業等が一体となって少子化対策に取り組むための法律である。

・家族同士で子どもの見守りをするボランティア活動を立ち上げる。

母性並びに乳児及び幼児の健康の確保及び増進

・一年を通じた食農体験を企画・実施する。

・「いいお産」に関する知識を普及。

子どもの心身の健やかな成長に資する教育環境の整備

・子どもに悪影響を与える情報をチェックする。

・中高生による保育活動を実施する。

・親や住民のためのカウンセリングマインド講座を開催する。

・思春期の児童の性の問題について話し合う。

子育てを支援する生活環境の整備

・ベビーカーで出かけるためのバリアフリー地図を作る。

・使われていない公園などを住民で整備する。

職業生活と家庭生活との両立の推進等

・保護者がボランティアをするための講座を開催する。

・保護者が講師を務めて職業講習会をおこなう。

結婚・妊娠・出産・育児の切れ目ない支援の推進

・妊娠期から親の交流会を開催し、出産後は子育てグループとして支援する。

・これから子どもをもちたい、迎えたい夫婦も参加できる子育て講座を開催する。

子どもの安全の確保

・大人が戸外で子どもを見守る。

・子どもが交通安全地図を作る。

・地域の危険な場所をチェックする。

・「お父さん夜回り隊」を結成する。

要保護児童への対応などきめ細かな取組の推進

・障害児の行事参加を促進する。

・外国につながる家族が自国の生活文化を紹介する親子講習会などを開催する。

3-3◇次世代育成支援の促進

　厚生労働省によれば、合計特殊出生率、女性の就業率、男女の育児休業取得率、正規社員の第一子出産後の継続就業状況、制度の規定状況などについて次世代法施行の前後で比較すると、全体的に改善がみられたという。

　次世代育成支援対策の行動計画を策定した企業のうち、行動計画の目標を達成し一定の基準を満たした企業は、「子育てサポート企業」として厚生労働大臣の認定を受けられる（くるみん認定）。この認定を受けた証明が、図3に示す「くるみんマーク」である。くるみん認定企業のほうが未認定企業に比べて、男性の育児休業取得の推進、出産・育児を理由とした退職者の減少、女性の勤続年数の伸び、男性・女性従業員の制度利用促進、学生・顧客・社会全般に対するイメージアップなどに効果があったという評価がある。また、認定企業のほうが、未認定企業と比較して女性の離職率が低いという結果も出ている。

　くるみん認定をすでに受けて、支援の制度の導入・利用が進み、質の高い取り組みをおこなっている企業を評価し継続的な取り組みを促していくため、2015（平成27）年4月1日より、新たにプラチナくるみん認定が始まった。2022（令和4）年には認定基準が引き上げられ、これに伴い「トライくるみん」の認定制度が新設されている。「トライくるみん」の認定基準は、改正

＊認定回数によって星の数が変わる。最新の認定取得年を記載。

図3　各種くるみんマーク

出所：厚生労働省ウェブサイト

前と同じである。さらに、不妊治療と仕事の両立支援に積極的に取り組み一定の基準を満たした場合は各種くるみんに「プラス」認定が追加される。

　これらの認定を受けると、認定マークを自社の広告や商品に表示できる。このマーク表示により、子育て支援に力を入れている企業であることを社会に示すことができ、企業のイメージアップにもつながる。また、子育てしやすい企業として入社希望者の増加が見込まれるので、人材確保にもつながると考えられる。加えて、認定企業は公共調達において優遇される。

　このように、企業へのはたらきかけによる子育て支援も実施されている。

事例 4

　A社では、企業がおこなう子育て支援の内容について管理職が研修を受けたり、子育て中の社員などへの聞き取り調査をおこなったりしてきた。それをもとに行動計画を策定し、計画に従って社内を子育てしやすい環境へと変化させてきた。

　取り組みが評価され、A社はくるみん認定を受けた。社内では「子育て中の人をみんなでカバーしていこう」という雰囲気ができている。自社製品にくるみんマークがついて、取引先から関心を示されることや感心されることも増えた。最近では、就職フェアなどに出展すると大学生からくるみんマークや子育て支援について質問がある。今、A社の社員は働きやすい会社に勤めていることを誇らしく思っている。

4 ワークライフバランス[*12]、男女共同参画

4-1◇男女共同参画と家庭支援

　国際的にも**男女共同参画社会**[*13]が理想とされているが、わが国では女性の社会進出が少ない。このようななか、男女共同参画社会基本法[*14]が1999（平成11）年に施行された。同法では家庭においても男女が協力して育児や介護にあたることを求めている。さらに、勤労婦人福祉法が1985（昭和60）年及び1997（平成9）年の改正により、**雇用の分野における男女の均等な機会及び待遇の確保等に関する法律（男女雇用機会均等法）**となった。同法により、以前は「男女の特性に合わせた」や「母性を保護する」という理由で男女別だった仕事が、男女それぞれの特性を活かすかたちで変化している[*15]。

＊12　ワークライフバランスとは職業生活と家庭生活のバランスのことである。夫は仕事ばかりで、妻は子育てや家事をひとりでおこなうために仕事を辞めなければならないというのは、ワークライフバランスが悪い暮らしである。ワークライフバランスがよい社会では、夫婦共に仕事をもって収入を得て、夫婦が同じように家庭生活に時間をかけて、子育ても一緒にする。夫婦のどちらかが家計を支えるのではなく、家事や育児も夫婦で分担する。子どもとも十分に関わることができる。

＊13　男女共同参画社会とは、男性も女性も社会や家庭で同じように権利を保障され、活動や仕事ができる社会のことである。国際的には、「女子に対するあらゆる形態の差別の撤廃に関する条約」（女子差別撤廃条約）が、1979年の第34回国連総会において採択され、1981年に発効した。日本は1985年に批准している。

＊14　男女共同参画社会基本法の目的は第1条に示されている。
　　　「この法律は、男女の人権が尊重され、かつ、社会経済情勢の変化に対応できる豊かで活力ある社会を実現することの緊要性にかんがみ、男女共同参画社会の形成に関し、基本理念を定め、並びに国、地方公共団体及び国民の責務を明らかにするとともに、男女共同参画社会の形成の促進に関する施策の基本となる事項を定めることにより、男女共同参画社会の形成を総合的かつ計画的に推進することを目的とする」。

4-1-1◇結婚と職場

　結婚により新たに築いていく家庭のあり方は、夫婦の考え方によってさまざまである。家庭と仕事の両立についても同様である。

> ### 事 例 5
>
> 　スズキさん夫婦は、結婚してから2人でマンションに住んでいる。妻は仕事よりも家庭で過ごす時間を大事にしている。毎日急いで仕事を片づけ、帰宅後は料理や洗濯に忙しい。休日は夫と一緒にゆっくりと過ごしたいので、家事はすべて平日に片づけている。夫のほうは、結婚しても生活のペースに変化はないようである。

> ### 事 例 6
>
> 　タナカさん夫婦は、結婚してから2人でマンションに住んでいる。2人とも、職場から帰宅する途中にそれぞれ食事を済ませている。平日には家事をせず、週末に夫婦で家事をするのが2人のルールである。

> ### 事 例 7
>
> 　ハヤシさん夫婦は、結婚してから2人でマンションに住んでいる。平日は、職場から帰ると一緒に夕食の支度をして一緒に食事をする。どちらかが遅くなるときは、早く帰ったほうが食事の支度をしておく。週末は2人で家事をしている。

＊15　たとえば女性中心だった看護師や保育士の仕事などに男性も就けるようになった。また、男性中心だったタクシー運転手やトラック運転手、工事現場の仕事などにも女性が就けるようになった。そのなかで産む性としての女性の母性を傷つけることがないような保護がおこなわれている。

　ヤマモトさん夫婦は、結婚してから妻の実家で暮らしている。2人とも平日には家事をしない。食事の支度などは妻の母親がしている。週末、ヤマモトさん夫婦は妻の母親をねぎらって、浴室の大掃除をしたり庭の手入れをしたりしている。

　事例5から事例8は、夫婦のあり方のほんの一部である。100組の夫婦がいれば100通りのやり方があり、これに他人が口出しをする必要はない。ただし子育て家庭に対しては、家庭が子どもにとってふさわしい環境になるように保育士として支援していく必要がある。

4-1-2◇出産と職場

　子どもが生まれると、否応なしに家庭のあり方が変化する。それは夫婦の考え方によりさまざまである。子どもを育てながら仕事を続けていく夫婦の事例を通じて、その一端をみてみよう。

　ニシダさん夫婦に子どもが生まれた。妻のレイカさんは、産前休業に続いて育児休業を取得し、1年間休職している。レイカさんは里帰り出産をしたので、実家で過ごしている間は全面的に実母のサポートを得ていたが、自宅のマンションに帰ってからは初めての子育てに戸惑う毎日である。

　レイカさんは、先日、子育て支援センターの「子育てひろば」に参加してみた。多くの親子連れが参加していて友人もできた。レイカさんは「1年間だけど、子育てと専業主婦の生活を楽しもう」と思いながら、一方で仕事への復帰が気になっている。子どもが保育所で楽しく過ごせるかどうかも心配である。

事例 10

タカハシさん夫婦に子どもが生まれた。妻のマドカさんは、産前休業に続いて産後休業を取得した後、すぐに職場復帰した。職場は常に人手不足で、自分が育児休業を取れば同僚に負担がかかることがわかっていたからである。幸いマドカさんの実家が近所にあり、保育所が決まるまでと、残業があるときは、マドカさんの母親が子どもをみてくれることになっている。

事例 11

ゴトウさん夫婦に子どもが生まれた。ゴトウさん夫婦はよく話し合って出産に備え、2人で産前産後を乗り切り、妻は職場復帰した。夫のマサフミさんは育児休業を取得し、現在は専業主夫（家事や育児に専念する夫）として過ごしている。初めての子育てに困惑することも多いが、「貴重な1年間、子育てを楽しもう」と思っている。

マサフミさんは、子育て支援センターの「子育てひろば」にも参加してみた。多くの親子連れが参加しているなかで男性はマサフミさんだけであったが、「ひろば」での交流を通じて友人ができた。

夫婦の勤務形態や職場の状況、サポートしてくれる親族や社会資源の有無などによって、出産後の仕事と家庭のバランスは多様になる。仕事を優先するなど、子どもをもたない夫婦もいる。

事例 12

ヒロセさん夫婦は結婚して5年になるが、子どももいない。夫婦の仕事はどちらも忙しく、2人とも仕事にやりがいを感じている。妻は、出産で休暇を取ったら、キャリアを積むべき時期にチャンスを失うと考えてきた。しかし30代後半になった今では、子どもをもつチャンスを失うような気もしている。

4-2◇子育て家庭のワークライフバランス

4-2-1◇子育ての協力者

　どんな家庭でも子育てには協力者が必要だが、夫婦共働きの場合、ワークライフバランスはいっそう重要になる。どのような協力を得たら、家庭と仕事を両立していけるのであろうか。

事例 13

　レイカさん（事例9）は、育児休業が終わって復職した。1歳になった子どもは保育所に通っている。子どもは保育所でさまざまな体験ができているし、迎えの時間に保育士と話をするのはレイカさんにとって楽しみである。毎日の会話のなかで、育児で困っていることも相談して解決できている。

　職場復帰後、レイカさんはしばらく育児時間を取得して早く帰宅していたが、現在はフルタイムで勤務しており、延長保育を利用する日が多い。子どもの急な発熱などで、保育所から迎えに来るようにという電話があったときが一番困る。職場に断って迎えに行くが、急な早退は言いにくい。また、子どもが病気になったときも急には休みにくく、病児保育は定員いっぱいで利用できない日も多い。そこで、ベビーシッターを頼むこともある。

事例 14

　タカハシさん夫婦（事例10）は、子どもの保育所が決まり安心して働いている。夫婦共に残業があるときや、子どもが急に病気になったときなど、妻のマドカさんの母親が子どもをみてくれている。残業で遅くなるときは、マドカさんの実家で親子とも食事をして帰るのでとても助かっている。休日は、マドカさんの母親を含めた家族で出かけることが楽しみである。

　ゴトウさん（事例11）の家庭では、育児休業が終わった後も夫のマサフミさんが中心になって子育てをしている。子ども好きのマサフミさんは子育てを楽しんでいるようである。保育所の送迎も、マサフミさんが定時に仕事を切り上げておこなっている。

　マサフミさんは、保育士から子育てに関する知識を得るのも楽しそうだ。子どもの発達に関する本も読んでいる。妻は、マサフミさんよりも子どもと過ごす時間が少ないが、子どもとしっかり向き合って育てていこうと思っている。子どもと長い時間一緒にいることよりも、どう関わるかが大事だと保育士から聞いたからである。

　ヒロセさん夫婦（事例12）には、その後子どもが生まれて、仕事と子育てを両立している。妻のミチルさんの職場に保育施設ができたからである。しかし通勤が大変で、職場のそばに転居した。職場の保育施設なので、子どもの病気や急な残業でも融通が利く。引っ越して夫の職場も近くなったので、夫も家事や育児がしやすくなり、家庭生活も充実している。ヒロセさん夫婦は、「家賃は高くなったけれど、仕方ないかな」と思っている。

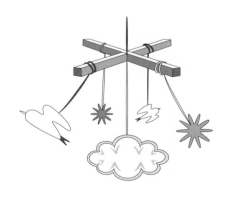

4-2-2◇子育てと家庭生活

　仕事のやり方を変えずに子育てをしていく夫婦もいるが、子どもが生まれたことをきっかけに、仕事を含めた生活を変えていく夫婦もいる。

事例 17

　イトウさん夫婦は子どもをもったとき、「時間に追われる多忙な生活から、家庭を大切にする生活に変えていこう」と夫婦で話し合った。妻は職場に希望を出して、確実に定時に帰宅できる部署に移った。夫も、栄転で本社に単身赴任する話を断り、地方事務所専任の仕事を選んだ。

　イトウさん夫婦には現在子どもが3人おり、地域の自治会役員や家庭菜園の仲間たちとの交流を楽しんだり、子ども会の世話人などを引き受けたりしている。地域を歩けば多くの知り合いから声をかけられ、家に何かあれば進んで手伝ってくれる仲間も近所にできた。イトウさん夫婦は、地域に根ざした生活を楽しみながら子育てをしている。

　子どもが教えてくれることはたくさんある。この事例ほどではなくても、子どもをきっかけに自分の生活を見直すということがある。一方、大人の生活に子どもを合わせてしまうこともある。乳幼児期の心身の発達を考え、ある程度子どもに合わせて生活を変える必要性について保護者と共に考えるのも、子育て支援のひとつの役割ではないだろうか。

　　フクダさん夫婦の3人目の子どもには障害があった。そのことがわかったとき、「どうして自分たちの子どもが……」というやりきれない思いがあり、夫婦のいさかいもあった。しかし、子どもを見ているうちに、フクダさん夫婦は「この子にはこの子なりの生き方がある」と思うようになった。

　　当初、フクダさん夫婦には子どもの障害を隠そうという気持ちがあった。しかし、きょうだい児が友だちを連れてくると、みな自然な態度で障害がある子どもと関わる姿があった。それを見たフクダさん夫婦は、子どもの障害を積極的に受けとめるようになり、自宅店舗の一角を子どもたちのたまり場として開放した。

　　そのような過程を経て、フクダさん夫婦は、今まで「人に負けたくない」「儲けることが大事」と考えておこなってきた商売の方針を変えた。誰かの生活に役立つような商売をしたいと思うようになったのである。そのように考え方を変えると、家庭は穏やかな雰囲気になり、店には地域の人が集うようになった。

　　障害児を授かって人生観が変わったという人は多くいる。糸賀一雄[16]の「この子らを世の光に」という言葉のもつ意味の一端が、ここに見いだされるのではないだろうか。障害児は、ひと時立ちどまり、スローライフ[17]について考えることを私たちに教えてくれる水先案内人なのかもしれない。

---

[16]　滋賀県の役人であった糸賀一雄（1914-1968）は、知的障害児のための施設である近江学園と、重症心身障害児のための施設びわこ学園を設立した。糸賀は、言葉がなく自分の体も思うようにならない子どもの姿を「世の光」と言った。糸賀は、重症心身障害児もその子なりの発達を保障されるべきだという「発達保障」の概念を示したことでも知られている。

[17]　スローライフとは、地域に根ざしてゆったりと、しかも豊かに暮らす生活スタイルのことである。農業や自然と近い暮らし、地産地消（地元で採れたもので生活すること）、身近な事象を大切にすることなども含む。

‖ 演習 3 ‖

①糸賀一雄（p.113）について調べよう。どのような時代・社会に生きて、何を
　目指し、どのような活動をしたのだろうか。

_____

_____

_____

②「この子らを世の光に」の意味を自分の言葉で書いてみよう。

_____

_____

_____

③自分で書いてみた「この子らを世の光に」の意味をもとに、フクダさんの気持
　ちの変化について考えてみよう。

_____

_____

_____

④グループになって、③に書いたことを発表しよう。

_____

_____

_____

第5章 | 多様な
支援の展開と
関係機関との連携

1 子ども家庭支援の内容と対象

1-1◇子ども家庭支援の内容

　現代の家庭支援には、時代の変化に伴い新たに求められるようになった内容が多くある。たとえば児童虐待に関しては、かつては「自分の子どもを打とうが蹴ろうが親の自由だ」という考え方が社会一般にあった。親に激しく叩かれている子どもや、ひどい仕打ちを受けている子どもがいても、それは家庭内の事情で他人が口出しをすることではなかった。つまり、子どもへの暴力があっても「虐待」という考え方はしなかったのである。

　しかし現在では、子どもへの体罰や養育の放棄は、親であっても許されないということが社会的に認知されている。　配偶者間の暴力（ドメスティックバイオレンス：DV）に関しても同様である。面前DVは子どもにとって心理的虐待であるとされ、子ども家庭支援の対象となっている。

事例 1

　ムツミさんは、学生時代から憧れていた先輩と結婚した。結婚した当初はやさしかった夫だが、子どもが生まれた頃から変わってしまった。転職によるストレスでイライラすることが多くなった。

　ある日、5か月になる子どもが泣き止まないことに腹を立てた夫は、そばにあった灰皿をつかんで投げつけた。灰皿は子どもをかばったムツミさんの額にあたり、ひどい傷になった。翌日、夫は何事もなかったかのように仕事に向かった。ムツミさんは「昨日はたまたま機嫌が悪かっただけ」と思ってやり過ごそうとした。しかし、その一週間後、夫は晩酌のビールが冷えていないことに怒り、食器

ごとテーブルクロスを引っ張ったので食卓が滅茶苦茶になった。その後も、食事の支度が遅くなったりすると夫は不機嫌になり、とうとうムツミさんに直接暴力をふるい始めた。暴力が続き、ムツミさんは夫の顔色ばかりうかがいながら暮らすようになった。

　遊びに来た夫の母親に勇気を振り絞って話すと、「亡くなったうちのお父さんもそうだったけれど、夫婦ならよくあることよ。私なんか、ほら、腕を5針も縫ったことがあるけれど誰も助けてくれなかったわ。妻なら夫に気に入られるようにがんばりなさい」と説教されてしまった。

　夫の暴力は収まらず、ムツミさんは、夫が子どもにも手をあげるかもしれないと思うようになった。恐ろしさが募り、子どもが通っている保育所の園長に相談した。すると、「あなたは全く悪くない。支援の仕組みがあるので、ひとりで我慢しないで」と言われ、ようやく支援を受ける機会を得たのである。

　障害や性別、国籍・人種などを超えた<u>多様性を受け入れる地域づくり</u>も、子ども家庭支援の内容といえる。障害の早期発見や療育、児童虐待やDVの予防・早期発見・対応、外国につながる子どもやその家庭が社会になじんでいくための支援も、子ども家庭支援の範疇である。

　子ども家庭支援の内容は近年、さらに幅広くなっている。上記にあげたような家庭のほか、経済的困難を抱える家庭への相談支援も求められる。また、前述してきたように、深刻な課題ととらえられることが家庭内になくても、「子育てをするのがつらい」「自分の子育てに自信がない」「相談できるような身内や友人がいない」といった保護者の不安や戸惑いに対応し、話を聴いたり居場所を提供したりすることも子ども家庭支援の内容である。

1-2◇子ども家庭支援の対象

　現代の子ども家庭支援は、家庭内の問題も家族だけに任せず、社会の問題として考えていくという方向性にある。家族構成や家庭の経済状況にかかわらず、家庭支援のサービスや制度を活用することが一般化している。つまり、子どもを育てているすべての家庭が支援の対象であるといえる。

　ただし、そのなかでも特に支援を必要とする家庭があることや、その特徴などもわかってきている。<u>貧困家庭で育つ子ども、障害のある子ども、虐待を受けている子ども、外国につながる子ども</u>などと、その家族は特に支援を必要としているといえるだろう。

　子どもが育つために最もふさわしい場は家庭である。子どもの最善の利益は、自分の家庭で、心身共に健やかに育つことだといえる。したがって、子どもの育つ家庭を支援することがすなわち子どもへの支援となる。

　このような考え方から、子ども家庭支援の対象は、保護者を視野に入れた家庭全体となっている。

　家庭以外に制度として用意されている子どもの放課後の居場所には、放課後児童クラブや放課後子供教室がある。

放課後児童健全育成事業（放課後児童クラブ）

　放課後児童クラブはこども家庭庁の管轄であり、児童福祉法に基づく取り組みである。放課後に保護者が自宅に不在の、6歳から12歳の子どもを対象としている。子どもの発達段階に応じた遊びをしたり、生活習慣の確立などを支援したりする子どもの生活の場である。

放課後子供教室

　放課後子供教室は文部科学省の管轄による取り組みである。地域住民が参加協力し、小学校の余裕教室などを活用して、子どもたちの学習やスポーツ、文化活動、体験活動、地域住民との交流などの場を設けている。共働き家庭などに限らず全児童を対象にしている。

放課後子ども総合プラン／新・放課後子ども総合プラン

　保育所を利用する共働き家庭が増え、放課後児童クラブの必要性が増している。加えて、共働き家庭の子どもだけではなく、すべての子どもの放課後の生活を総合的に支援していくことが求められている。このような観点から、厚生労働省と文部科学省が共同して放課後子ども総合プランを2014（平成26）年に策定した。放課後子ども総合プランは、放課後児童クラブと放課後子供教室の一体的な運営と計画的な整備を目指す方針である。

　しかし、この一体型の実施は目標数に達していない。そこで、子どもの居場所づくりをさらに促進するため、向こう5年間を対象に新・放課後子ども総合プランが2018（平成30）年に策定された。

2 保育所等を利用する子どもの家庭への支援

　保育所を利用している家庭にとっては、子どもの発達に即した保育を実践することが最も基本的な支援となるが、ここでは、子どもの保育以外の支援について概観しよう。

2-1◇交流の支援

　保育所は家族同士の出会いの場でもある。お互いの顔を見るのも初めての家族、近所に住んでいたのに知らなかった家族、近隣の店舗などでよく見かけるけれど名前は知らなかった家族などが出会う。そのような場では、保育士の支援次第で、ふだんから話をしたり家族同士で助け合ったりできるような関係につながりやすい。

　にぎやかなグループが早々にできてしまい、おとなしい親子が仲間に入りにくくなっていたり、関わるきっかけがつかめなかったりする場合もある。また、障害のある子どもの保護者や、外国につながる家族などが孤立することもある。そのようなとき、関係をつなぐ役割を保育士が担う。

2-2◇相談支援

　これまでの事例に示してきたように、悩みを抱えている保護者は少なくない。悩みの内容も多様である。自分から保育士に相談する保護者がいる一方で、ひとりで悩みを抱え込み、相談に結びつきにくい保護者もいる。保育士のほうから声をかけて、話しやすい雰囲気を日頃からつくっておくことが大切である。

　相談の程度もさまざまである。保護者が保育士に相談するうちに気持ちが

落ち着いて解決に向かう場合もあれば、重大な問題が潜んでいる場合もある。一度の相談では解決できない場合や、ほかの機関に引き継ぐ必要がある場合など、判断が難しいケースもある。また、小さな悩みでもひとりで考えていると不安が大きくなりがちだが、他者に話をすると冷静に整理できることもある。経験の浅い保育士にとっては難しいことだが、相談の程度の見極めも重要である。

　虐待のリスクが高い家庭もある。子どもと保護者の様子を観察して、気がかりな保護者には寄り添うような態度で接し、きっかけを見つけて支援につなげていく。

2-3◇情報提供の支援

　現代は情報過多の時代といわれるが、保育所を利用している家庭の多くは、新聞や情報誌などをゆっくり読んだり、公共施設の情報板やウェブサイトをこまめに見たりする余裕がない。保育士やほかの保護者との会話を通じた情報交換が、多忙な保護者への支援になる。また、子ども一人ひとりの発達段階や特性に合わせて、その時点で重要と思われる情報を保育士が見極めて保護者に適時提供していくことも必要である。

2-4◇家族同士の話し合いの促進支援

　子育て中の家族同士の話し合いは、日々の細々とした悩みの解決につながる。また、月齢や年齢が少し高い子どもの保護者が、ほかの保護者から相談を受けてアドバイスをするなかで自信をつけていくこともある。

　もちろん、保護者間のコミュニケーションが常にうまくいくとは限らない。「うちにはそういう悩みはない」「うちの子どもは大丈夫」といった発言により、保護者の悩みが余計に深くなったり、人間関係にひびが入ったりする場合もある。そのようなことにならないように、「そういう悩みがある方もいるようですよ」「個人差が大きいですよね」などと保育士が会話をリードし、調整する必要もあるだろう。

2-5◇グループ活動に向けた支援

　保育所の保護者同士で知り合いができると、一緒に集まる楽しみも出てくる。そのようなとき、グループ活動の楽しみを知るきっかけを保育士が提供できるとよいだろう。子どもの遊びの環境構成をおこなうように、<u>保護者に対しても、環境構成を通じてはたらきかける</u>のである。

　たとえば、保護者のグループに園で活躍する場を用意する。園の行事のなかで5分間の枠をグループに提供し、ペープサートなどを子どもたちに見せる経験をしてもらったり、「10分間で楽しめる企画はありませんか?」とアイデアを出してもらったりするのもよいだろう。そのような工夫によって、グループでいることがただ楽しいと感じている段階から、グループでおこなう主体的・創造的な活動の楽しさを感じる段階へと、保護者の変化を促すことができる。

　保護者のグループが自分たちの目的をもって自主的に動くようになるためには、活動へのアドバイスや研修の情報、活躍の場づくりなど、保育の場や保育士からの側面支援が有効である。<u>保護者のグループが、さらに地域や公的機関とつながっていくための関係づくりも、保育士に求められる役割であろう。</u>

> ### 事 例 2
>
> 　小学校の子ども会と保育所が、焼きいも大会を共同で企画・開催した。焼きいもができるのを待つ間、子どもたちは落ち葉の山を作ったり、地面にきれいな色の落ち葉を並べて形を作ったりして楽しみ始めた。焼きいもができあがる頃には、落ち葉を使った色とりどりの作品が園庭に並んだ。
>
> 　最近この地域に引っ越してきたキタガワさん(小学生の親)が、「枯れ枝や小石を使うのもおもしろいよ」と子どもたちに声をかけた。キタガワさんに誘われて、保護者も落ち葉や小枝で思い思いの作品を作り始め、遊びはさらに盛り上がった。キタガワさんは以前住んでいた地域で、自然を使った造形活動を子どもた

ちに指導していたという。

　キタガワさんのことを知った主任保育士は、自然を使った遊びやさまざまな表現を子どもたちに経験してほしいと考え、次回の子ども会と保育所の共同企画として、自然の素材による造形活動を提案した。焼きいも大会での経験があったので活動のイメージも共有しやすく、子ども会の役員も「お手伝いします」と全員賛成した。そして、キタガワさんに指導を依頼することになった。

　自然を使った造形活動を企画するとき、主任保育士は、子どもの専門機関である保育所が全体の計画を決めたほうがいいと考えていた。ところがキタガワさんは、子どもたちの意見を聞きながら考えて進めたいと言う。「子どもたちに決められるだろうか」と主任保育士は気がかりだったが、子ども会の会長も「私たち役員も、子どもたちと一緒に企画を提案したい」と言うので、主任保育士は住民からの意見や子どもの意見を大事にしながら見守ってみることにした。

‖ 演習1 ‖

　地域で子育てをしている子どもと保護者のために、保育所の地域行事でどんなことをしたら楽しんでもらえるだろうか。計画を立ててみよう。

例

①目的
思い切り体を動かす・近所の知り合いを増やす
②実施内容
ミニ運動会
③対象児・参加予定人数
2歳児とその保護者（15組程度）
④会場・日時
園庭・日曜日の午後
⑤当日のプログラム
アンパンマン体操・親子ボウリング・グループまと当てゲーム・おやつタイム（お菓子と飲み物配布）・園庭で自由遊び

①目的
②実施内容
③対象児・参加予定人数
④会場・日時
⑤当日のプログラム

IIIII**Column** 現代のニーズに合わせた多様な保育 IIIIIIIIIIIIIIIIIIIIIIIIIIIIIIIIIIIIIIIIIIII

　家庭のニーズに応えるために、一時保育、延長保育、夜間保育などが認可保育所でおこなわれている。保護者は平日に働いているとは限らないので、休日保育も必要とされている。また、保護者の病気や出産、家族の看護や冠婚葬祭などで家庭での保育が一時的に困難となる場合に保育所で子どもを預かる緊急保育制度もある。

一時保育

　「パートタイムで働きたい」「学校に行って勉強したい」「職業訓練校に通って技術を身につけたい」などのニーズや、育児不安・育児疲れなどに対応している。

延長保育（早朝・夕方）

　「終業時刻が遅い」「早朝からの仕事をしている」「早出・残業がある」などのニーズに対応している。

夜間保育

　「迎えが18時を過ぎる」「夜勤のある仕事をしている」「朝から夜間まで仕事がある」などのニーズに対応している。

IIIIIIIIIIIIIIIIIIIIIIIIIIIIIIIIIIIIIIIIIIIIIIIIIIIIIIIIIIIIIIIIIIIIIIIIIIIIIIIIIIIIIIIIIIIIIIIIIIII

3 地域の子育て家庭への支援

3-1◇子育てしやすい地域づくり

　コミュニティが機能しており、安心して子どもと外出できるような地域であれば、人と関わる機会が多くなり親子が孤立することも少なくなる。子育ての悩みも、深刻にならないうちに解決しやすいだろう。近隣住民同士による子育ての助け合いは、保護者の育児負担を軽くする。地域に暮らす家族がお互いの子どもの面倒をみることも、保護者にとってよい経験になる。自分の子ども以外の子どもたちの姿を身近に知ることができ、子どもの発達や自分の子育てを多面的にとらえられるからである。

　「子どもが育つ環境」という視点から考えてみると、地域社会がいかに大きな役割を担っているかがわかるだろう。人間関係の豊かな地域では、子どもは幼少期から多様な人々と出会い、社会に出る「練習」ができる。子どもが親以外の人からさまざまなことを教わる機会も多い。このような地域の機能を理解し活性化していくことも、保育士や園に期待されている。

3-2◇社会の変化へのはたらきかけ

　地域の課題に気づき、住民や行政にはたらきかけることも保育士の役割である。地域住民や自治体などが動かないと事態が改善しないというケースもある。保育士が保護者と共に地域にはたらきかけ、新しい社会資源をつくり出すことを通して悩みや課題を解決することもできる。そのとき、保育士や園が保護者に代わってすべて取り仕切るのではなく、保護者と一緒に社会にはたらきかけたり、取り組んだりすることが重要である。そのような関わり

のなかで保護者や地域の力を引き出し、自信へとつなげていく。

　S市の駅前には、家庭支援の中核となる子育て支援センター（以下、支援セン
ターと略）がある。しかし、S市全域の子育て中の家族が支援センターに来られ
るわけではない。駅から遠い新興住宅地で子育てをしている親子は、用事があっ
て駅前に来たときにしか利用していない。

　新興住宅地で子育てをしている親が、「うちのほうにもこんな場所があったら
いいのに」と言っている声が保育士の耳に入った。そこで、支援センターの会議
で、「ここに親子が来るのを待っているのではなく、こちらから出かけていくこ
とはできないでしょうか」と提案した。すると、ほかの保育士も同じ思いだった。

　協議を重ねた末に、市役所が所有しているワゴン車を借りて周辺地域を回る
「子育てキャラバン隊」が発足した。

　キャラバン隊ができた当初、新興住宅地の会場には、民生・児童委員や主任児
童委員が見学に来ていた。そのうち、子育て支援ボランティアをしている住民も
活動をのぞきに来るようになった。やがて、民生・児童委員や主任児童委員、ボ
ランティアをはじめ、子育て中の親、高齢者など、多くの住民が加わって一緒に
活動するようになっていった。

　活動開始から半年が経った。支援センターにある遊具をワゴン車に積んで2人
の保育士が乗り込み、子育てキャラバン隊は今日も出発する。行き先は、市内全
域の自治会館やコミュニティセンターである。会場に着くと「この地域にこんな
に子どもがいたのか」と驚くほど、この日を待っていた親子で会場はいっぱいで
ある。

　キャラバン隊が来ない日は、主任児童委員や地域の自治会役員が協力して活動
している。この会に参加してから幅広い年代の知り合いが地域にできて、子ども
も安全に遊べるようになったと笑顔で話す親も増えている。

4 要保護児童等及びその家庭に対する支援

4-1◇子どもの貧困

経済的な困窮のために生活環境が整わない、学習についていけない、進路選択が難しい、といった課題を抱える家庭への支援が求められている。

国による子どもの貧困対策としては、**子どもの貧困対策の推進に関する法律**が2013（平成25）年に成立している。これに基づき**子供の貧困対策に関する大綱**が2014（平成26）年8月に閣議決定された。この大綱などを踏まえ、内閣府は、文部科学省、厚生労働省、日本財団と協力し「子供の未来応援国民運動」を展開する。基金を設立し、子どもたちをサポートしているNPOなど*1を支援するといった取り組みがある。

また、2022（令和4）年の**こども家庭庁設置法及びこども基本法**の成立を受け、既存の3大綱（少子化社会対策大綱、子供・若者育成支援推進大綱、子供の貧困対策に関する大綱）を**こども大綱**として一元化することになった。こども大綱はこども基本法に基づき、こども施策を総合的に推進するため、施策に関する基本的な方針や重要事項などを定めている。

子どもの貧困対策の基本的方針は、<u>貧困の世代間連鎖の解消や学校を起点とした教育支援、教育費負担の軽減、保護者の就労支援</u>などである。支援者を確保していくために、社会的養護の体制を整備することや、相談職員の資質の向上なども計画されている。学習支援の事例をみてみよう。

＊1　子どもたちが安心して過ごせる居場所づくりや、学習や食事の提供、自立や就労の支援などをおこなっている。

　クミさんはひとり親家庭の子どもで、母親は朝から晩までいくつもの仕事を掛け持ちしているが、経済的に厳しい状態にある。クミさんの学用品を買うことも難しいときがある。

　クミさんは小学4年生で、宿題も多い。家で親に宿題をみてもらっている友人や塾に通っている友人は、それほど勉強に困っていないようだ。クミさんは宿題を忘れることも多く、そのたびに先生に注意されるので、「授業でわからないところも先生に聞きにくいな」と思っている。だんだん勉強についていけなくなってしまい、最近では学校に行くのも嫌になっている。

　そんなある日、近所に暮らす児童委員が「無料で勉強をみてくれるところがあるよ」とクミさんに教えてくれた。児童委員に連れられて行ってみると、その日は地域の会館に「寄り添い型学習塾」という看板が掲げてあった。子どもがたくさん集まっていて、高校生や大学生が来て勉強を教えている。宿題などをみてもらう合間に、楽しそうにおしゃべりをしている子どももいる。クミさんは、こんなに親切に勉強をみてもらったり、学校での出来事をゆっくり聴いてもらったりすることは初めてで、心に灯がともったような温かい気持ちになった。

4-2◇児童虐待への対応

　保育士には、通園児に限らず、**児童虐待**が疑われる子どもやその保護者を支援することが求められている。**児童虐待の防止等に関する法律**（児童虐待防止法）では、児童の福祉に直接関わる仕事に従事している者は、その立場を自覚して児童虐待の早期発見に努めなければならないとされている*2。

＊2　第5条　学校、児童福祉施設、病院、都道府県警察、女性相談支援センター、教育委員会、配偶者暴力相談支援センターその他児童の福祉に業務上関係のある団体及び学校の教職員、児童福祉施設の職員、医師、歯科医師、保健師、助産師、看護師、弁護士、警察官、女性相談支援員その他児童の福祉に職務上関係のある者は、児童虐待を発見しやすい立場にあることを自覚し、児童虐待の早期発見に努めなければならない。

虐待を受けたと思われる児童を発見した者には、通告義務がある。児童虐待の通告は守秘義務に優先するため、通告がプライバシーの侵害と見なされることや、守秘義務の違反になることはない。虐待の発見に際しては、自治体が作成するチェックシートを活用するなどして事実を観察する。その結果虐待が疑われるときは、関係機関（市区町村の保育課や子育て支援課、児童相談所など）に知らせる。

　児童虐待は特に高度な対応を必要とするため、保育士や保育所だけで抱え込まないことが重要である。2004（平成16）年の児童福祉法改正に伴い設置されるようになった**要保護児童対策地域協議会***3の実務者会議や個別ケース検討会議*4と、保育所が連携することが求められる。

4-3◇障害への早期対応

　保護者の障害受容に対する支援が特に必要なのは、幼児期である。「気になる子ども」がいる場合、生活経験や家庭環境、個人差などが主な要因なのか、発達障害や知的障害の可能性があるのか、その見極めは難しい。ただし、保育士による観察は、子ども自身の暮らしにくさや保護者の悩みを軽減していくためのものである。障害の「診断」は医療機関がおこなう。このことを念頭に置いて子ども理解に努めることが重要である。

　また、家庭では、自分の子どもに障害があるのではないかと考えている場合

＊3　協議会は、市区町村、医療機関、学校・教育委員会、保育所、保健関係機関、民生・児童委員、弁護士会、警察、児童相談所などで構成されており、虐待に関する連携機関である。地域協議会に関する事務を「要保護児童対策調整機関」が総括する。要保護児童対策地域協議会ができることによって、早期発見・早期対応、関係機関の連携、担当者の意識変化という効果が期待されている。
＊4　協議会は、代表者会議、実務者会議、個別ケース検討会議という3層構造になっている。代表者会議は要保護児童対策地域協議会構成機関の代表者による会議で、実務者会議が円滑におこなわれるように、年1、2回開催される。実務者会議は、虐待に実際に対応する者で構成され、虐待事例や取り組みに関する情報交換や、児童虐待に関する啓発活動をおこなう。個別ケース検討会議は、個々の事例に関して現状を把握し、取り組みの方針や支援計画を作成し、役割分担や介入方法に関して協議している。

と、その可能性を全く考えていない場合、あるいは障害だと決めつけている場合などがあるので、障害についての保護者の気持ちを推し量りつつ関わっていく。

　発達障害＊5のある子どもの場合、落ち着きのなさや、友だちとの関わりが難しいなど、集団生活のなかで気になる点が目立つことがある。保護者がその子どもの育て方に悩んでいたり、疲弊していたりすることもある。一方、園の集団生活では気になる行動が、家庭ではほとんど現れない場合もある。

　保育士は発達障害の特性や支援の基本を知り、たとえば一日の保育の流れを絵にするなど視覚的に示す、日課の変更をわかりやすくゆっくり説明するといった配慮が必要である。

4-4◇外国につながる子どもと家族への支援

　外国につながる家族の出身地はさまざまであり、日常使う言葉が英語ではない場合も多い。言葉で伝わらない場合は、写真やイラスト、現物を見せて説明したり、ジェスチャーを交えて示したりと、情報提供の工夫が必要な場面も多々ある。また、日本ではなじみのある品物や場所であっても、ほかの国には全く存在しない場合や、当たり前だと思っている考え方が通用しない場合もある。そのために説明が伝わらない、求めている行動が理解してもらえないなど、誤解が生ずる場合がある。

　外国につながる家族は、日本のそれとは違う生活習慣をもっている。相手の出身国の文化を理解しながら、日本での考え方や方法を伝えていく必要がある。日本の生活文化に合わせるよう強制するのではなく、その親子が出身国で身につけて大切にしてきた生活文化を尊重する必要がある。出身国のことを教えてもらう、といった姿勢が望ましい。周囲が異文化体験に驚いたり楽しんだりすることで、子ども自身も自分のルーツを大切にできるだろう。ただし、現状の園の体制を逐一変えるということではない。

＊5　発達障害とは、自閉スペクトラム症、学習障害、注意欠如多動症などの総称である。発達障害には知的障害を伴うものと伴わないものがある。

外国につながる子どものなかには、言葉の壁による理解の難しさなのか、知的障害による発達の課題なのか判断しにくい場合がある。一人ひとりの子どもと丁寧に関わり、その生活背景にも配慮しながら寄り添う必要がある。

‖ 演習2 ‖

　あなたは保育所に勤務する保育士である。担当するクラスには、アジア系の子どもたちが数人いる。明日は園の恒例行事の七夕で、今日は短冊に願い事を書く。この行事のことを、日本語がまだ上手ではない子どもにどのように伝えたらよいだろうか。ロールプレイをしてみよう。

保育士「_____」
子ども「_____」
保育士「_____」
子ども「_____」
保育士「_____」
子ども「_____」

伝えるときの工夫

_____
_____
_____
_____

4-5◇施設に入所する子どもとその家庭への支援

　児童福祉施設に子どもが入所する場合は、家族との関係が切れないよう家庭を支援していく。入所時は、子どもが入所する施設の目的や実践内容などについて保護者に丁寧に説明し、見学の機会をつくるなどしてはたらきかける。入所後は、親子関係を継続できるように、あるいは再構築できるように

支援しながら親子に関わっていく。たとえば、子どもの様子を保護者に知らせる、手紙や電話で連絡するなどして、面会もしやすいように支援する。

　一時帰宅時は家庭支援をして環境を整え、退所につなげていく。さらに、退所して自宅での生活が始まってからも、保護者が不安になったり子どもの情緒が不安定になったりしないように継続的に支援をおこなう必要がある。

5　子ども家庭支援に関する現状と課題

　現代は、「子育てをどのようにとらえるか」という社会的価値の問題や政策などと相俟って、子どもと家庭を支援する社会の機運をどのように醸成するか、という問題がある。

5-1◇子育ての社会化

　子育ての社会化とは、子育てを社会全体で担おうという考え方である。また、子育ての社会化という言葉には、子どもが社会的存在であることを再確認するという意味がある。言い換えれば、子どもは誰のものでもなく社会のなかで生きていくひとりの人間であり、独立した人格を保障されるということの確認である。

　社会保障が十分でない時代には、子どもは家族の「資産」であり、親の老後を託すものであった。子どもは親のものであり、どのような育て方をしようが、家のために生きることを強制しようが親の自由であった。子育ての社会化という言葉のもつ意味のひとつは、子どもは親の所有物ではなく、いずれ社会に巣立っていくために育てるのだという考え方である。

　しかし、近年では社会全体の保障の支え手として「社会の維持・発展のために子どもを多く産んでほしい」という考え方も示されている。つまり、一

方で子どもの独立した人格を認めていくと言いながら、もう一方では社会全体の老後を保障するための子どもを期待しているので、「子どもは社会のものとして育てていく」と強調されるのではないかという解釈もできる。

5-2◇子育ての価値

　家族のかたちは、時代の移り変わりに応じて変化していく。現代は個々の家族がそれぞれのスタイルで暮らしている。家族の大きな役割としての子育ての意味は変わらないが、子育てにおける家族の役割の中身は変化している。

　現代では、子育てを負担に感じて「できるだけ子どもを預かってほしい」と言う保護者もいる。育児の当事者は親であるが、親になったと同時に子どもを育てる力がつくわけではない。特に、現代の親はきょうだいが少なく、子育てを間近に見る機会もない環境で育っている。だからこそ家庭支援が必要なのである。

　先輩たちや専門職からの助言や援助を受けながら、子どもの成長に付き合っていくうちに、人はだんだん親らしくなって子育てをしていく。そのようにして育てられた子どもたちが、やがては文化を引き継ぎ、次の社会をつくり出していくのである。つまり、子育ては人と人との関わり合いを紡ぎ出しながら世代をつなぎ、未来の社会の基礎をつくるという価値ある営みといえる。一方、そのような関わりに基づく支援のあり方が、サービスの充実によって双方向の行為ではなくなり、子育て家庭がただのサービスの受け手になっているという批判もある。

5-3◇近隣関係を通じた支援

　地域の拠点に集まる家族、子育て支援グループやボランティアたちは、子どもにとって顔と名前のわかる相手であり、日々の暮らしのなかで子どもの成長を見守る目を増やすことができる。このような住民と共に近隣環境を子どもの成長の場としていくことが、保育士に求められている。住民と一緒に取り組むことにより、今生活している地域全体を暮らしやすい場にできる。

近隣社会が暮らしやすくなるためには、住民が**公共性**を意識して活動することが必要である。近隣活動の公共性には4つの目安がある*6。

- ・自分やそのグループの都合を優先しない
- ・同じであることを求めない
- ・結論から始めない
- ・自由参加とする

　子育て期にある家族やその支援者が公共性を意識して子育てに向き合えば、近隣環境を、子どもの成長にふさわしい場へと変えていけるであろう。

事例 5

　身体障害のあるミライちゃん（5歳）は、地域の保育所に通うとても活発な子どもである。何でもやってみたいミライちゃんは、地域で開催される七夕飾り作りに参加したいという。家族が地域の会館に問い合わせると、「ふだんはお子さんだけの参加も可能なのですが、障害のあるお子さんの場合は保護者の方の付き添いが必要です」という回答だった。

　母親は、ミライちゃんの通う保育所に相談した。保育士は「ミライちゃんはひとりでもできると思います」と地域の会館に申し入れたが、受け付けてくれない。

　そこで保育士は、「ミライちゃんと一緒に参加して、その時間を一緒に楽しく過ごせるような子どもをさがそう」と考えた。主任児童委員に相談すると、主任児童委員は「小学校にはボランティアクラブがある」と思い至り、校長に相談した。すると、校長はすぐにボランティアクラブを紹介してくれた。

　ボランティアクラブでは、生徒の話し合いがおこなわれた。そのなかで、「ミライちゃんは妹と同じ年で、近所に住んでいるからよく知ってる。どうして参加できないの？」と発言した生徒がいた。話し合いの結果、「友だちとして一緒に参加して楽しもう」という結論が出た。

　小学校のボランティアクラブメンバーがミライちゃんの友だちとして一緒に参

＊6　ユルゲン・ハーバーマス／細谷貞雄・山田正行訳『公共性の構造転換―市民社会の一カテゴリーについての探究』未來社、1994及び齋藤純一『公共性』岩波書店、2000を参考にした。

加しているうちに会館のほうもミライちゃんの状況がよくわかり、サポートにも
慣れていった。やがて地域の会館の考え方が変化し、地域に暮らす障害のある子
どもたちが、さまざまな催しに参加しやすくなった。

IIII**Column** 近隣集団会議を通じた家庭支援 IIIIIIIIIIIIIIIIIIIIIIIIIIIIIIIIIIIIIIIIIIIIIII

　近隣集団会議（NGC：Neighborhood Group Conference）*7は、住民同士
の情報の共有と相互理解や関係づくりをするための話し合いである。
NGCを実施するときは、専門職（保育士）と一緒に活動する住民（＝ブ
リッジ・ピープル：BP）が必要である。

①準備段階—NGCの準備をする

　BPの役割：NGCの根回しをする／NGCの計画を立て準備する／
　　NGCについて関係者に相談をする

　保育士の役割：必要な情報を集める／NGCの開催を周囲に広める／
　　関係機関と連携をとる

②参加段階—NGCを開く

　BPの役割：NGCのテーマについて説明する／話し合いを進め、参加
　　した住民の関係や話し合いの様子を見守る／必要に応じて住民の話
　　し合いに介入・調整する

　保育士の役割：必要に応じてBPを支援する

③続行段階—NGCを近所に広める

　BPの役割：NGC後の近隣や関係者の見守りと情報収集をする／
　　NGCに参加しなかった住民に対応する

　保育士の役割：NGCの評価をする／次回のNGCの開催を支援する

IIIIIIIIIIIIIIIIIIIIIIIIIIIIIIIIIIIIIIIIIIIIIIIIIIIIIIIIIIIIIIIIIIIIIIIIIIIIIIIIIIIIIIIIIIIIIIIIIIIIIII

＊7　NGCの考え方の根底には「理解し合うための方法さえあれば、人間はつながり合うことが
　　できるだろう」という人間の強さや可能性を信じる理念がある。

参考文献

◆秋山 開（公益財団法人 1 more Baby 応援団専務理事）『18 時に帰る―「世界一子ど
　もが幸せな国」オランダの家族から学ぶ幸せになる働き方』プレジデント社、
　2017

◆ユリー・ブロンフェンブレンナー／磯貝芳郎・福富 護訳『人間発達の生態学―発
　達心理学への挑戦』川島書店、1996

◆エリク・H. エリクソン／小此木啓吾訳編『自我同一性―アイデンティティとライ
　フ・サイクル』誠信書房、1973

◆江崎玲於奈ほか『家族の力はとり戻せるか―世界五大学長が語る新世紀』中央公論
　社、2001

◆カレル・ジャーメインほか／小島蓉子編訳『エコロジカルソーシャルワーク―カレ
　ル・ジャーメイン名論文集』学苑社、1992

◆ユルゲン・ハーバーマス／細谷貞雄・山田正行訳『公共性の構造転換―市民社会の
　一カテゴリーについての探究』未來社、1994

◆畠中宗一『子ども家族支援の社会学』世界思想社、2000

◆平山 尚・武田 丈『人間行動と社会環境―社会福祉実践の基礎科学』ミネルヴァ書
　房、2000

◆池上 彰編『日本の大課題 子どもの貧困―社会的養護の現場から考える』筑摩書房、
　2015

◆井上忠司『「家庭」という風景―社会心理史ノート』日本放送出版協会、1988

◆金子 勇・松本 洸編『クオリティ・オブ・ライフ―現代社会を知る』福村出版、
　1986

◆リーサ・カプラン、ジュディス・L・ジラルド／小松源助監訳／奥田啓子・鈴木孝
　子・伊藤冨士江訳『ソーシャルワーク実践における家族エンパワーメント―ハイリ
　スク家族の保全を目指して』中央法規出版、2001

◆柏女霊峰『これからの子ども・子育て支援を考える―共生社会の創出をめざして』
　ミネルヴァ書房、2017

◆小林美希『ルポ 母子家庭』筑摩書房、2015

◆三浦 展『「家族」と「幸福」の戦後史―郊外の夢と現実』講談社、1999

◆長坂寿久『オランダモデル―制度疲労なき成熟社会』日本経済新聞社、2000

◆日本家政学会編『生活文化論』朝倉書店、1991

◆大日向雅美「育児不安とは何か―その定義と背景 発達心理学の立場から」『こころ
　の科学』103 、2002 、pp.10-15

◆岡堂哲雄監修『小児ケアのための発達臨床心理』へるす出版、1983

◆齋藤純一『公共性』岩波書店、2000

◆関口裕子ほか『家族と結婚の歴史』森話社、2000

◆芹沢俊介『家族という意志―よるべなき時代を生きる』岩波書店、2012

◆髙木 侃『三くだり半と縁切寺―江戸の離婚を読みなおす』講談社、1992

◆匠 雅音『核家族から単家族へ』丸善、1997

◆田中きよむ『少子高齢社会の福祉経済論』（改訂）中央法規出版、2006

◆上野千鶴子『近代家族の成立と終焉』岩波書店、1994

著者略歴

吉田眞理（よしだ まり）

小田原短期大学学長。現在、横浜市在住。

早稲田大学第一文学部社会学科卒業、大正大学大学院人間学研究科博士課程福祉・臨床心理学修了。博士（人間学）、保育士。

小田原市を拠点に、地域の子育て支援活動を実践・研究してきた。市町村における地域に根差した活動、住民の視点を生かした実践と研究を大切にしている。

....

主な著書：『わが国におけるソーシャルワーク実践の展開』（川島書店、2008、共著）

『よくわかる子育て支援・家族援助論』（ミネルヴァ書房、2009、共著）

『生活事例からはじめる相談援助』（青踏社、2011、単著）

『生活事例からはじめる児童家庭福祉』（青踏社、2011、単著）

『保育者のためのキャリア形成論』（建帛社、2015、共著）

『看護師養成のための社会福祉の制度と法律』（青踏社、2015、単著）

『保育する力』（ミネルヴァ書房、2018、監修）

『児童の福祉を支える子ども家庭福祉』（萌文書林、2018、単著）

『児童の福祉を支える社会的養護Ⅰ』（萌文書林、2019、編著）

『児童の福祉を支える〈演習〉社会的養護Ⅱ』（萌文書林、2019、編著）

....

社会活動：小田原市子ども・子育て会議委員長

全国保育士養成協議会理事

本文イラスト：北村 薫（trois books）

装画：上間美絵（hokuri）

デザイン・DTP：滝澤ヒロシ（四幻社）

児童の福祉を支える 子ども家庭支援論

2019年 2 月15日　初版第1刷発行
2023年 4 月 1 日　初版第5刷発行
2023年12月15日　第2版第1刷発行

著　者　吉田眞理
発行者　服部直人
発行所　株式会社 萌文書林
　　　　〒113-0021　東京都文京区本駒込6-15-11
　　　　TEL 03-3943-0576　FAX 03-3943-0567
　　　　https://www.houbun.com
印刷・製本　シナノ印刷株式会社
©Mari Yoshida 2019, Printed in Japan ISBN 978-4-89347-418-6